我国建设工程代建实务分析

Practical analysis of agent construction projects in China

深圳市城市建设开发（集团）有限公司
中国建筑标准设计研究院有限公司
编著

中国计划出版社
·北　京·

图书在版编目（CIP）数据
我国建设工程代建实务分析 / 深圳市城市建设开发（集团）有限公司，中国建筑标准设计研究院有限公司编著. -- 北京 : 中国计划出版社，2025. 7. -- ISBN 978-7-5182-1847-9
Ⅰ. F284
中国国家版本馆CIP数据核字第2025B08B86号

我国建设工程代建实务分析
WOGUO JIANSHE GONGCHENG DAIJIAN SHIWU FENXI

责任编辑：刘　涛　　封面设计：韩可斌

中国计划出版社出版发行
网址：www. jhpress. com
地址：北京市西城区木樨地北里甲 11 号国宏大厦 C 座 4 层
邮政编码：100038　电话：(010) 63906433（发行部）
北京天宇星印刷厂印刷

787mm × 1092mm　1/16　8.25 印张　174 千字
2025 年 7 月第 1 版　2025 年 7 月第 1 次印刷

定价：55.00 元

序　言

工程项目代建正在成为一种新业态，自身快速发展的同时，引起了行业的广泛关注。

随着城市更新、老旧小区改造和保障性住房建设任务量增加，工程建设项目数量增长幅度较大，面对较大规模的建设需求，地方融资平台，如城市投资公司等大都面临专业人才匮乏与项目管理经验不足的突出问题，而一些房地产开发企业却具有相对优势，从而使代建工程项目数量快速增长，一些企业代建项目签约面积年度增长超过40%。

当前正值房地产行业处于转型升级构建新发展模式时期，以代建模式为代表的轻资产业务成为有条件的头部房企的发展重点，有的更是将其确定为新的业务增长极。

尽管建设项目数量多市场发展空间大为代建业务提供了更多的拓展机遇，但是，由于是新业态，管理体制尚不健全，代建项目各方的权利义务尚须进一步明确和规范。这就需要加快研究解决诸如：相关技术标准与操作规范缺失。委托方过度干预或授权不当，干扰代建方专业能力正常发挥。代建双方合同内容不明确，权责边界模糊，代建项目延期或停滞，工程质量存在缺陷，造成经济损失与资源浪费，甚至产生法律纠纷。委托方要求代建方承担全周期风险，代建方则倾向采用风险规避型服务模式等问题。

为引导和规范代建业务发展，本书选取绿城、金地、华润等头部企业的典型案例，深入探讨其在政府投资与民间投资领域的战略布局、业务拓展路径及创新实践，对政府投资工程代建项目与市场化代建进行了系统深入的分析。对政府投资的代建工程，梳理了三大主流模式——政府专门机构代建、平台公司代建及市场化代建，解析运作机制、权责边界与潜在瓶颈，借鉴国际管理经验，提出应积极推行分级分类管理模式，建立健全代建单位与项目管理机制。对利用市场化机制代建，则从企业优势、业务构成、服务内容、权责划分、组织架构、产品体系、项目决策、风险管控和取费机制九个维度解析代建企业经营模式，分析利弊，为行业提供可复制的经验。此外，针对可能出现的，如政府项目隐性成本压力、市场竞争加剧引发的费率下行、品牌风险传导机制等系统性隐患，明确指出代建企业须构建差异化服务能力，强化金融机构资源整合，实现降本增效。

本书系国内首部系统解析我国建设工程代建实务的专著，以理论与实践相结合，政策规定与工程管理相一致为出发点，总结研究代建项目发展过程，提出了有见地的观点，为推动代建行业规范化发展奠定理论基础的同时，提出了具有实践意义的发展路径，有助于代建业务各方更好地把握工程代建的本质。

该书是代建各方提升专业能力、优化业务模式、规避风险必备的工具书，对委托方遴选合作伙伴、明晰权责边界、保障项目成功有重要参考作用，对行业监管机构及研究学者洞悉代建业务发展过程和规律，完善政策法规体系也是有力支撑。

期待本书能够有助于对工程代建的深刻认识，推动中国建设工程代建事业迈向专业化规范化市场化发展新阶段。

中国房地产业协会

二〇二五年七月

前　言

我国建设工程代建始于20世纪90年代初期，初衷是推动政府投资项目的市场化运作，提高项目的市场竞争力。同时，通过将建设单位与使用单位分离、决策权与执行权分离等方式，实现建设工程管理各重要环节相互制约，以此规范政府的项目管理行为，压缩政府的权力寻租空间，促进政府职能转变，遏制腐败现象。20世纪90年代后期，随着商品房政策的实施，房地产业高速发展，为了获取高额利润，以万科集团为代表的头部房企，效仿美国铁狮门（TISHMAN SPEYER）经营模式，基于自身开发优势，开始尝试发展市场化代建业务（又称房地产代建），为开发能力不足的投资商提供从投资决策、项目实施、组织营销到物业管理的一体化、全方位专业服务，并通过小股融资等方式获取超额收益。从发展轨迹来看，这种重运营轻资产的“市场化代建”业务在房地产业的低谷期迎来快速发展的契机，特别是在2017年以后，增速显著。由此可见，我国政府投资项目和民间的房地产开发项目选择代建的动机不同、目的不同，政府投资项目往往更注重公共利益的实现，强调项目的合规性、透明度和长期效益，因此在代建过程中，需严格遵循相关法律法规，确保项目质量和资金使用的合理性。而民间房地产开发项目则更侧重于市场效益，追求项目的高效运作和成本控制，代建方需具备较强的市场洞察力和资源整合能力，以满足委托方对投资回报的期望。为了更好地分析代建模式，支持行业企业发展，本书分别针对政府投资工程和市场化代建工程展开实务分析。

实务分析是一项系统且复杂的研究工作，为深入探讨我国建设工程代建的发展现状、存在问题及未来发展趋势，针对政府投资工程，从项目承接方式、实施方式、权责关系、取费情况和盈利情况五个方面展开，通过调研国内外不同行政主体的组织与实施模式，再结合我国实际情况提出发展建议，力求为读者提供全面、翔实的理论依据和实践指导；针对市场化代建工程，从业务构成、服务内容、权利义务、组织管理、产品引擎、项目决策、风险管理、成本要素八个方面展开，深入解析我国代建领域头部企业的发展与实践，为拟发展代建业务的企业提供切实可行的路径建议，推动建设工程代建模式的普及和应用，从而优化资源配置、提高建设效率。

建设工程代建项目的成功开展，除了找准适配的实施模式外，还依赖于完善的监管机制和行业规范。本书立足实务分析，从政府部门加强对代建项目的监管方面，提出建立分类管理机制、健全评估体系等措施，提高建设工程代建的透明度和公正性；从行业协会发挥桥梁纽带的作用出发，提出推动行业自律和标准化建设建议等，以提升代建的整体服务水平，为我国建设工程代建的健康、可持续发展提供建议。

本书主要内容有三部分，即政府投资工程代建实务分析、市场化代建工程实务分析和推广建设工程代建的保障措施。本书的编写团队汇聚了多位业内专家，确保了内容的权威性和实用性。希望本书能为相关从业人员和政策制定者提供有价值的参考。

感谢以下专家和企事业单位在研究过程中给予的大力支持。

专家：

姜勇、郭宁、孟音、张锋。

企事业单位：

深圳市福田区建筑工务署

深圳市南山区建筑工务署

深圳市光明区建筑工务署

广东省代建项目管理局

鄂尔多斯市政府投资项目代建中心

江苏省公共建设工程中心有限公司

江苏中江数字建设技术有限公司

四川省省级机关房屋建设中心

中国雄安集团

北京城市副中心投资建设集团有限公司

上海地产集团

重庆市城市建设发展有限公司

金地房地产建设管理集团有限公司

深圳市万科城市建设管理有限公司

华润置地有限公司

厦门建发建设运营管理有限公司

龙湖集团　龙湖龙智造

河南中原建业城市发展有限公司

绿城管理控股有限公司　绿城乐居建设管理集团有限公司

旭辉管理集团有限公司

北京五合国际工程设计顾问有限公司

CPG中国

目　录

第1章　建设工程代建的定义与背景

1.1　我国建设工程代建的起源和发展

改革开放以后，我国建筑业迅速发展，建设规模持续扩大。其中，政府投资建设工程项目受行政干预较多，随之发生的腐败等问题逐渐凸显。为解决上述问题，1993年，厦门市在深化建设工程管理体制改革中，提出通过采用招标或直接委托的方式，将一些基础设施项目和社会公益性项目委托给专业的项目管理机构，代替业主组织项目实施，这一举措是市场化代建最早的尝试。该建设管理模式在经济发展中通过不断完善和改进，逐步为各地政府的公益性投资项目所借鉴和接受。

经过十余年的发展，国务院在2004年7月发布的《国务院关于投资体制改革的决定》（国发〔2004〕20号）中明确提出："对非经营性政府投资项目加快推行'代建制'"，即通过招标等方式，选择专业化的项目管理单位负责建设实施，严格控制项目投资、质量和工期，建成后移交给使用单位。文件发布后，各地积极在政府投资项目中推行代建制，纷纷出台政府投资项目代建相关政策，对代建制的定义给出了具体规定。例如，北京市在《北京市政府投资建设项目代建制管理办法（试行）》（京发改〔2004〕298号，京发改〔2022〕1360号失效）中，提出"代建制"是"指政府通过招标的方式，选择社会专业化的项目管理单位（以下简称代建单位），负责项目的投资管理和建设组织实施工作，项目建成后交付使用单位的制度。代建期间代建单位按照合同约定代行项目建设的投资主体职责"。上海市在《上海市市级建设财力项目代理建设管理办法》（沪发改规范〔2020〕21号）中，对代建制的定义"是指政府通过招标等方式，选择具有相应经验和能力的项目管理单位（以下称"代建单位"），负责市级建设财力项目的组织实施和投资管理工作，项目建成后交付项目（法人）单位的制度"。广东省在《广东省政府投资省属非经营性项目代建管理办法（试行）》（粤府〔2016〕36号）中，对代建制的定义"是指省政府设立代建项目管理机构，对省政府投资省属非经营性项目实施集中建设管理，负责组织工程勘察、设计、施工、监理单位招标等工作，对项目建设过程进行管理，严格控制项目投资、质量安全和工期进度，竣工验收后移交使用单位的制度"。综上所述，由于政府投资项目完成后交付给使用单位的特点，代建制下专业管理机构负责的工作为项目的投资管理和建设组织实施。

另外，随着房地产业的发展，20世纪末，房地产代建开始出现在我国市场。房地产代建起源于美国，由拥有土地的委托方发起，拥有项目开发建设经验的专业代建方承接，双方通过平等协商建立合作关系，最终实现共同盈利。顾名思义，专业代建方是指在产品、成本、融资、管理、团队等方面积累了大量成熟经验的品牌房企，通过输出自身管理能力和（或）品牌价值，收取服务费并获取项目超额收益。与政府投资项目“代建制”相比，房地产代建同样包含工程管理代建，但房地产代建业务链更长，还包括项目的投资决策、营销代理（如有）和运营管理（如有）等。

经过20多年的发展，我国政府投资工程组织实施模式从全面推广市场化代建，逐渐形成以政府设立专门机构组织实施模式、政府投资平台公司组织实施模式、市场化代建组织实施模式三种模式并存的局面。在这一演变过程中，市场化代建模式不仅促进了政府投资效率的提升，还推动了建筑业的专业化、市场化进程。特别是在2017年后，随着房地产企业对轻资产业务的重视，市场化代建模式快速发展起来。三种模式虽然在提高项目管理水平、控制投资成本、保障工程质量等方面发挥了显著作用，但在实践中也暴露出一些问题。例如，政府设立专门机构代建可能存在机构冗余、效率不高的问题；政府投资平台公司代建则可能面临资金运作风险和管理透明度不足的挑战；而市场化代建模式虽然在灵活性和专业性上具有优势，但也可能因为市场竞争激烈、利润空间压缩等原因，导致部分代建单位在项目管理上出现疏忽，影响工程质量。因此，为解决建设工程代建中存在的权责不明、取费过低、项目超概、超工期以及腐败等问题，亟待深入研究现状，提出解决方案，以确保代建模式持续健康地发展，为我国的建设事业做出更大的贡献。

1.2 建设工程代建的定义

代建，是一种市场化称谓，专业化的称谓是委托开发管理。因此，当前国内对“代建”并无准确的来自官方的权威定义，仅由很多实践型的代建公司给出了不同的解释。如绿城管理建设集团将委托开发管理定义为“以契约形式向委托方提供房地产项目全过程开发管理服务。导入品牌、派驻管理、执行特定的产品标准、营造产品，通过销售体现品牌价值，最终实现管理创造价值”。在实施层面上，业内人士也都会用“代建制”“房地产代建”等概念进行描述。

从我国“代建”概念的发生和发展可以看出，与西方国家纯市场机制下提出的DB、CM、PM、PMC、BOT、PPP等模式的内涵和外延存在一定的差异。编制组通过充分分析我国“代建”业务现状，定义“建设工程代建”如下：

“建设工程代建”是指由委托方发起，通过招投标等程序，挑选具备专业化建设管理能力的第三方机构来承担“建设管理工作”。双方通过签署代建合同来界定各自的职责、权利与利益，确保专业化建设管理方在合同规定的范围内代表业主执行全面的建设管理工作。此外，专业化建设管理方有权选择承担其业务范围内的部分工作，并对双方商定的投资目标和建设目标承担相应的责任。

前述“建设管理工作”包含筹资、建设、营销、运营管理四个主要环节。筹资环节涉及资金筹集、风险控制、财务规划、合同管理、绩效评估、沟通协调以及法律合规性判断；建设环节则涵盖投资策划、项目界定、总体规划、工程设计、成本预算、报批报建、工程招标与采购、施工管理、试运行、交付管理、维护保养以及后续评估等；营销环节包括营销策划、项目推广、品牌管理、执行与营销监控、风险评估、满意度管理与评价等；运营管理则包括设施与资产管理及物业管理，其中设施与资产管理指的是建筑完成后的运营管理工作，而物业管理则涉及物业设施及公共区域的管理、维护和保养，以及居民服务与居民关系的维护等。

1.3　建设工程代建研究对象

我国建设工程代建始于政府投资工程，繁盛于市场化代建业务的发展。从项目特点来看，政府投资工程项目通常涉及公共基础设施、社会福利设施等，代建单位需严格按照政府相关制度和规定进行项目管理和实施。市场化代建项目包括房地产代建、商业代建等，此类项目更加注重市场机制和经济效益，代建单位需具备较强的市场适应能力和项目管理能力。政府投资工程项目和市场化代建项目实施代建的动因和目标不同、服务内容不同，系统研究这两类工程项目代建的特点和规律，对于完善我国建设工程代建制度、提升行业管理水平具有重要意义。

政府投资项目主要侧重于公共利益的实现和财政资金的有效使用，强调项目的合规性、透明度和效率。代建单位负责项目立项后到项目交付阶段的建设管理，确保项目按时、按质、按预算完成。现阶段，我国政府投资工程代建单位按性质分为政府设立专门机构、政府投资平台公司和市场化代建单位三种。政府设立专门机构通常是政府直属的事业单位或国有企业，具有较强的政策执行力和资源整合能力，多用于非经营性政府投资工程项目。政府投资平台公司为国企，依托政府背景和融资优势，在保障房、城市综合体等项目中发挥重要作用。市场化代建单位范围较广，有国企、民企以及混合所有制企业，凭借灵活的市场运作机制和专业的项目管理能力，活跃在商业地产、住宅开发等领域。政府投资工程代建实务分析分别对三类代建单位的运作模式、管理机制、权责关系等进行深入探讨，揭示其在实践中的优劣势和面临的挑战。同时，结合国内外政府投资工程代建模式的比较分析，借鉴先进经验，为我国建设工程代建行业的发展建言献策。

市场化代建工程侧重于市场机制下的项目运作，强调市场适应性和经济效益。随着我国市场经济体制的不断完善和建筑行业的快速发展，建设工程代建市场化进程逐渐加快。在这一进程中，代建单位的角色和职能发生了显著变化。从最初仅负责项目建设的施工管理，逐步扩展到涵盖项目筹资、建设、营销、运营等多个环节的全过程管理。代建单位不仅要具备强大的工程建设管理能力，还需具备市场分析、资本运作、品牌管理等综合能力。当前，市场化代建已成为建筑业和房地产业的重要分支，是推动项目高效运作和提升投资效益的关键力量。随着市场环境的不断变化和行业政策的进一步完善，未来，市场化代建业务有望在更广泛的领域发挥更大的作用，成为推动建筑行业高质量发展的重要力量。从代建单位视角，深入研究市场化代建的发展现状和趋势，对于相关企业和政策制定者而言，具有重要的参考价值和实践意义。

本书通过对两类工程项目代建的分析和综合研究，旨在为建设工程代建政策制定者、行业管理者、代建单位和其他市场参与者提供科学合理的决策依据，完善我国建设工程代建制度，提升行业管理水平，促进建设工程代建行业的健康、可持续发展。

第2章 政府投资工程代建实务分析

2.1 国外和中国香港特别行政区政府投资工程组织实施模式

政府投资工程是指政府为了提供公共服务和满足社会公共需求，使用财政预算内外的资金、专项基金、国际援助资金等，通过新建、扩建、改建、技术改造等方式进行固定资产投资建设的一类工程项目。政府投资工程按出资方式分为直接投资、资本金注入、投资补助和贷款贴息四类；按建设项目性质分为非经营性政府投资项目和经营性政府投资项目；按项目目的和领域分为基础设施项目、公共服务项目、生态环境项目以及农业和农村项目。

国外政府投资工程组织实施模式经历了从政府直接管理向逐渐引进市场机制协同管理的变迁，图2–1展示了各国政府投资工程组织实施模式的变迁。20世纪初，国外政府投资工程组织实施模式以政府直接管理为主，工程建设效率和质量受到一定程度的限制。20世纪中叶，随着科技的发展和经济的繁荣，各国政府投资工程组织实施模式开始引入市场机制，实行项目管理和工程招投标制度，以提高工程建设效率和质量。20世纪末至今，政府投资工程组织实施模式进一步向市场化、专业化、国际化方向发展，具体表现在以下几个方面：一是引入私人部门参与政府投资工程建设，实行公私合营（PPP）模式；二是推行工程总承包制度，实施工程建设一体化管理；三是强化工程建设领域的法律法规体系，提高工程建设透明度和规范化程度；四是加强国际交流与合作，借鉴国际先进经验，提高政府投资工程建设管理水平。政府投资工程组织实施模式逐步向以政府主导、市场协同、专业化管理、社会监督为特点的新型组织实施模式转型，不仅提升工程建设效率和质量，还增强了公共资金的监管力度。例如，在引入私人部门参与的过程中，通过竞争性招标和合理的风险分配，有效降低了项目成本，缩短了建设周期。而政府通过建立健全的监管体系，确保了私人部门的参与不会影响到公共利益。这种协同效应，是未来政府投资工程组织实施模式的发展趋势，是实现公共利益与市场效率的双重提升有效路径。

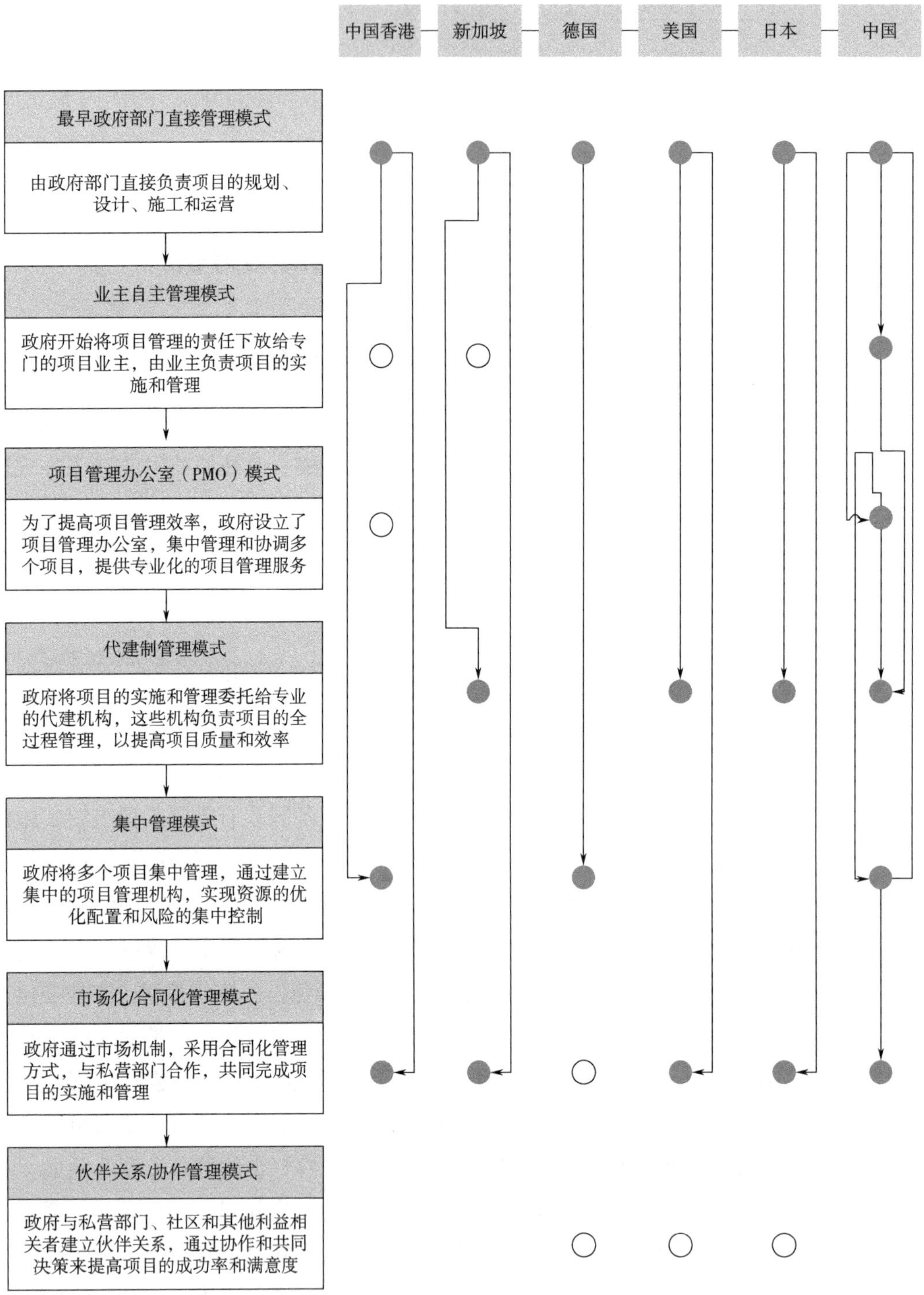

图2-1　政府投资工程组织实施模式变迁

●—主流组织实施模式；○—个别项目采用组织实施模式；——→—变迁路径

2.1.1　中国香港特别行政区

中国香港特别行政区政府投资工程组织实施模式历经多次变革。殖民地时期，主要采用传统的官僚组织实施模式，即政府部门直接负责项目的规划、实施和监督。中国香港特别行政区回归后，政府投资工程针对经营性项目和非经营性项目分别采用不同组织实施模式。经营性项目按商业原则操作，引入了公私营合作（PPP）模式，通过合同外包、BOT（建设—运营—移交）等方式，将部分政府投资工程交由私营企业承担，以提升效率和降低成本；非经营性项目则由政府直接管理。

在政府投资工程管理方面，香港政府逐步推进改革，特别是近年来，积极借鉴国际先进经验，推行项目管理制和合同外包，强化质量控制和成本监督。此外，通过设立独立监察机构，确保工程建设的公开透明，有效提升了公众对政府投资工程管理的信任度。同时，中国香港政府注重培养专业人才，加强内部管理，以提升工程建设管理的整体水平，满足社会发展的需求。

2.1.2　新加坡

新加坡在独立初期，政府投资工程主要依靠政府部门直接管理和实施，以确保基础设施建设的快速推进。随着经济的快速发展和政府管理理念的转变，新加坡开始采用更加市场化的组织实施模式，如公私营合作（PPP）模式、DBOT（设计—建设—运营—移交）模式等，以及引入项目管理和咨询公司，提高项目管理的专业性和效率。

政府组屋由建屋发展局负责投资与监管，私人承包商和市镇理事会负责项目的组织实施。公共工程（基础设施和公共建筑）由公共工程局负责投资和监管，新加坡工程集团等经过资格评定的国企或民企组织实施项目，对从项目建议到竣工验收的全过程负责。

新加坡政府投资工程组织实施特点有实施招标、投标者需满足资质要求、统一合同管理、严格风险管理以及多举措投资控制等。

2.1.3　德国

德国在20世纪中叶以前，政府投资工程主要采用传统的官僚组织实施模式，政府部门直接负责项目的规划、实施和监督。20世纪90年代以来，政府直接投资非经营性项目采用政府设立专门机构，即联邦不动产管理局组织实施。联邦不动产管理局负责项目全过程管理，承担建设主体责任。

德国政府出台了《联邦政府建设项目实施指南2022》，明确规定项目参与各方的责任，即所有者对项目立项负责、建设方负责组织实施、使用者负责使用需求、运营方负责项目运营管理、建设管理部门负责项目建设管理。经营性政府投资项目管理引入公私营合作（PPP）模式，通过合同外包、BOT等方式，将部分政府投资工程交由私营企业组织实施。此外，德国政府允许选用项目管理企业或项目代建企业，前者无决策权，负责项目的组织、法律、技术、财务等实施层面的管理工作；后者则赋予决策、指导和执行权，常用于大型、复杂性项目的组织实施。

德国还建立有项目管理和评估体系，在严格决策程序的同时，通过多层次监督机制确保工程质量和效益。

2.1.4 美国

美国在20世纪初，政府投资工程主要采用传统的官僚组织实施模式，政府部门直接负责项目的规划、实施和监督。20世纪80年代以来，非经营性政府投资工程针对不同项目类型出现四种组织实施模式：一是项目管理办公室（PMO）模式，负责监督和管理工程项目的整个生命周期，从规划、设计、施工到交付，PMO具体负责制订项目计划、预算、时间表，并确保项目按照既定目标顺利进行；二是DBB模式（Design-Bid-Build，设计—招标—建造），为最传统的建设管理方式，分三个阶段完成建设工作，首先政府委托设计团队完成项目设计，其次通过招标程序选择承包商，最后由承包商按照设计图纸进行施工；三是DB模式（Design-Build，设计—建造），政府将设计和建造工作委托给一个单一的合同方，合同方负责项目的整体设计和施工，该模式减少了设计和施工之间的协调问题，缩短项目周期；四是CM模式（Construction Management，施工管理），政府会聘请施工管理顾问（CM）协助项目规划、设计、预算和施工，CM通常在项目早期参与，帮助政府进行项目策划和预算，并在施工阶段代表政府监督各参建单位。经营性政府投资工程引入公私营合作（PPP）模式，通过合同外包、BOT等方式，将部分政府投资工程交由私营企业承担。

美国在政府投资工程组织实施中强调项目规划、合同管理、质量控制、风险管理、环境保护和公众参与，以确保项目成功实施并达到预期目标。此外，美国还针对政府投资工程实施绩效管理和评估，以提高项目管理的透明度和效率。

2.1.5 日本

日本在“二战”后，政府投资工程主要采用传统的官僚组织实施模式，政府部门直接负责项目的规划、实施和监督。20世纪90年代以来，非经营性政府投资工程采用中央政府、都道府县和市町村分级组织实施模式，项目单位负责项目申报与立项、设计和施工招标、监理单位选定和成本控制（类似美国DBB模式）。经营性项目则引入公私营合作（PPP）模式，通过合同外包、BOT等方式，将部分政府投资工程交由私营企业承担。

为确保政府投资项目建设水平和建设质量，日本政府定期公布政府投资项目建设标准、施工标准、材料设备选型标准等。政府投资工程标准合同、招投标文件以及日本成熟的施工总承包企业，为项目成本和质量控制提供了重要的支持。此外，日本政府的项目管理和评估体系也是提高工程质量和效益的重要工具。

综上所述，这些国家和地区的政府投资工程组织实施模式变迁都呈现出从传统的官僚组织实施模式向市场化、专业化和透明度更高的组织实施模式转变的趋势。

2.2　我国政府投资工程代建现状

2.2.1　改革历程

我国政府投资工程组织实施模式的变迁是一个长期且复杂的过程，随着社会经济的发展和政府职能的转变，组织实施模式也在不断地调整和完善。政府投资工程组织实施模式改革包括投资体制改革和组织实施方式改革，前者意在创新投资模式，构建投资主体和资金渠道多元化格局；后者是工程组织实施模式的变革。我国政府投资工程建设管理体制改革共出现过五次高潮，前两次处于计划经济向市场经济过渡期，后三次处于市场经济发展期。

1. 1984 年，开启资金有偿使用和包建模式

改革以1984年国务院发布“拨改贷”政策，即《关于改革建筑业和基本建设管理体制的若干问题的暂行规定》（国发〔1984〕123号）的实施为开端。在投资体制方面，改革建设资金管理办法，要求国家投资的建设项目都按照资金有偿使用的原则，改财政拨款为银行贷款。在组织实施模式方面，全面推行建设项目投资包干责任制，要求建设单位和主管部门签订投资包干协议，实行包建。同时鼓励勘察设计单位、工程总承包单位和综合开发公司独立法人化，实现独立经营，自负盈亏。

2. 1988 年，推动投融资多元化、建立项目管理框架

以1988年国务院发布《关于印发投资管理体制近期改革方案的通知》（国发〔1988〕45号）为标志，投资体制改革的市场化方向逐渐明晰，以基本建设为主要内容的投资体制改革正式开启。在投资体制方面，推动多元化投融资模式的发展，将投资划分为竞争性项目投资、基础性项目投资、公益性项目投资三类，设立中央基本建设资金，保障投资大、建设周期长、关系国民经济发展后劲的基础工业和基础设施建设项目的资金来源。在组织实施方面，确立了以项目可行性研究、经济评价、业主负责制和招投标制为主体内容的项目管理框架。

3. 1992 年，确立投资管理体制框架，推动建设管理市场化

以1992年初邓小平南巡讲话为开端，以1993年党的十四届三中全会《中共中央关于建立社会主义市场经济体制若干问题的决定》（中发〔1993〕13号）、1996年国务院发布《关于固定资产投资项目实行资本金制度的通知》（国发〔1996〕35号）为开始，在投资体制方面，推行投资项目资本金制度，明确对政府投资项目和企业投资项目实行分类管理，确立具有中国特色的投资管理体制框架。组建国家开发银行，从资金源头强化投资管理。在建设管理方面，大力发展市场服务体系，推动工程咨询、勘察设计、施工、监理等行业快速发展。

4. 2004 年，投资管理法律体系形成，非经营性项目推行代建制

以2004年国务院发布《国务院关于投资体制改革的决定》（国发〔2004〕20号）

为标志，在投资体制方面，分类管理体制更趋清晰，政府投资管理更趋从严。以2016—2019年《企业投资项目核准和备案管理条例》《政府投资条例》《外商投资法》《外商投资法实施条例》（“一法三条例”）的颁布实施为标志，投资管理法律制度体系基本形成。在建设管理方面，提出对非经营性政府投资项目加快推行“代建制”，即通过招标等方式，选择专业化的项目管理单位负责建设实施，严格控制项目投资、质量和工期，竣工验收后移交给使用单位。以此为契机，多地政府为解决建设需求过大，但在建设过程中受到行政干预较多的问题，开始尝试实行代建制。

5. 2019年，规范政府投资行为，鼓励集中建设管理方式

以2019年国务院发布《政府投资条例》（国令第712号）为开端，从投资决策、年度计划、项目实施、监督管理四个角度对政府投资行为进行了严格规范。以2019年住房城乡建设部发布《关于进一步加强房屋建筑和市政基础设施工程招标投标监管的指导意见》（建市规〔2019〕11号）为标志，提出政府投资工程鼓励集中建设管理方式，实施相对集中专业化管理，采用组建集中建设管理机构或竞争选择企业实行代建的模式，严格控制工程项目投资，科学确定并严格执行合理的工程建设周期，保障工程质量安全，竣工验收后移交使用单位，提高政府投资工程的专业化管理水平。

调查显示，现阶段我国多数地区政府投资工程逐渐趋向采用相对集中建设管理模式。组织实施模式有两类，一类是由集中建设管理单位负责政府投资工程的组织实施，集中建设管理单位为代建单位，具体有政府设立专门机构和政府投资平台公司。另一类是通过招投标在指定企业名录内择优选取社会专业化建设管理单位负责政府投资工程的组织实施，社会专业化建设管理单位为代建单位。指定企业名录是指通过资质、项目经验、人员、信用等审核条件入围的企业清单。

2.2.2 行业政策

在国家政策的倡导下，各省市结合自身对政府投资工程建设管理的需求，积极探索创新组织实施模式。

1. 国家层面

针对经营性政府投资项目，依据1996年国家计委制定《关于实行建设项目法人责任制的暂行规定》（计建设〔1996〕673号，2016年1月1日废止），推行项目法人责任制。即在建设阶段组建项目法人，由项目法人对项目的策划、资金筹措、组织实施、生产经营、偿还债和资产的保值增值，实行全过程负责。

针对非经营性政府投资项目，经历了20世纪90年代对组织实施模式的探索创新，2002年开启代建模式建设试点，2004年国务院发布《关于投资体制改革的决定》（国发〔2004〕20号）提出对非经营性政府投资项目加快推行“代建制”。同年11月，建设部发布《建设工程项目管理试行办法》（建市〔2004〕200号），从业务范围、企业资质、招标方式等方面规范了代建项目的运行和操作。2007年1月，住房城乡建设部等五部

委联合发布《关于加强大型公共建筑建设工程管理的若干意见》(建质〔2007〕1号),强调对非经营性政府投资项目加快推行“代建制”。

2019年12月，住房城乡建设部发布《关于进一步加强房屋建筑和市政基础设施工程招标投标监管的指导意见》(建市规〔2019〕11号)，提出“政府投资工程鼓励集中建设管理方式，实施相对集中的专业化管理，采用组建集中建设机构或竞争选择企业实行代建的模式，严格控制工程项目投资，科学确定并严格执行合理的工程建设周期，保障工程质量安全，竣工验收后移交使用单位，提高政府投资工程的专业化管理水平。”

2. *地方层面*

目前，我国47个副省级地区已有40个地区发布了政府投资工程建设管理办法，市、区级别共发布81个代建管理办法。从政策内容来看(表2-1)，前述政府投资工程建设管理办法以外，还有代建招投标管理办法，代建项目合同管理办法及合同模板，代建工作内容、范围、责权等相关文件，代建管理费收费标准及工作内容等，全面支持政府投资工程的建设管理工作。

从表2-1可以看出，现阶段国家层面缺乏政府投资工程建设管理上位法规，在2004年《国务院关于投资体制改革的决定》(国发〔2004〕20号)出台后，后续暂未跟进具体措施相关文件，实施层面目前处于各地出台地方规范治理阶段。由于各地项目情况不同，故对代建制在实施过程中有不同的理解，至今未能在全国范围内统一认知，实现统一管理。

表2-1　政府投资工程建设管理办法发布情况

序号	政策法规的内容	国家	省	市	区
1	政府工程集中建设管理办法		√	√	
2	政府工程代建管理办法	√	√	√	√
3	代建项目招投标管理办法	√	√	√	√
4	代建项目合同管理办法及模板	√	√	√	√
5	代建工作内容、范围、责权相关文件	√	√	√	√
6	代建管理费收费标准及对应工作内容	√	√	√	√
7	代建管理相关标准、规范	√	√	√	

注：▇表示针对所有项目管理；▇表示针对代建制；▇表示仅为各部委级别。

各地均根据本地区实际情况和项目特点，构建制度体系(见表2-2)。在适用范围方面，限定非经营性政府投资项目较多，但也有相当一部分地区笼统地适用于全部政府投资项目。在组织实施方面，增加了实施方式的选择。在代建单位权责方面，各地的政策均对责任有明确的要求，但对权力的规定非常少。在代建费取费方面，多数地区执行财政部《基本建设项目建设成本管理规定》（财建〔2016〕504号）（以下简称504号文），部分地区则出台地方取费标准。在资金监管方面，多数地区资金不入代建单位账户。综合各地实际情况，代建单位主要有三类，第一类为政府设立专门机构，多为事业单位或国企，以深圳为代表。第二类为政府投资平台公司，政府指定具有相应实力的一家或数家国有企业负责项目的组织实施工作，以北京、上海为代表。第三类为通过招投标选择的市场化代建单位，多为满足政府发布的代建企业准入条件的社会专业化建设管理企业，具体项目则通过招标等方式在符合条件的企业中择优选取，市场化代建单位在项目实施过程中拥有一定的项目决策权，以厦门为代表。

表2-2　各地代建政策差异

序号	项目	主要差异
1	适用范围（对象）不同	多数地区适用非经营性项目，有些地区没有明确规定，适用于所有政府投资项目
2	多种管理方式可供选择	集中建设模式、市场化代建模式，建设单位可申请，经发改批复执行，例如广东省
3	单位选定方式不同	招投标（公开、邀请）、委托、协议
4	实施主体性质、独立法人、资质要求不同	有政府设立专门机构、事业单位、国有企业、民营企业等，28%的地方提出独立法人要求，70%的政策对资质有要求
5	“代建制”文件权责要求不明确，不对等	责任要求基本都有，权利方面只有五份文件（仅占6.1%）提及，其中四份是上海市级和各个区级，提及了共同盖章权利和共同签合同的权利
6	取费标准及资金监管不同	多数地区执行504号文，厦门、上海、深圳、杭州、湖南高于504号文，重庆地区低于504号文。资金监管方面，多数地区资金不入代建单位账户，少数地区资金先入代建单位账户，再依据合同支付给各实施主体

2.2.3　组织实施特点

政府设立专门机构、政府投资平台公司和市场化代建单位均承担项目建设全过程管理，包括投资策划阶段、勘察设计阶段、实施阶段和维保阶段，负责项目的建设管理和投资管理。以下从机构性质、项目承接方式、实施方式、权责关系、取费情况、盈利情况六个方面分析组织实施特点，并归纳总结其存在的问题。

1.政府设立专门机构代建

政府设立专门机构代建的基本情况如表2-3所示。

表2-3　政府设立专门机构代建的基本情况

主要内容	政府设立专门机构
机构性质	两种： 1. 事业单位，有公益一类和公益二类 2. 企业
项目承接方式	两种： 1. 根据政府出台项目管理办法承接 2. 根据政府相关会议批复承接
实施方式	两种： 1.分段管理 2.全过程管理
权责关系	两种： 1. 代表建设单位（五方责任主体） 2. 不代表建设单位
取费情况	两种： 1. 人员工资由政府财政全额拨付，项目管理费实报实销 2. 收取代建管理费，人员工资由财政补贴、项目管理费和其他由代建管理费支付
盈利情况	不考虑盈利

（1）机构性质。

政府设立专门机构多为事业单位。

政府设立专门机构的性质以事业单位居多（例如表2-4），其中，既有财政全额拨款的公益一类，也有差额拨款的公益二类。不同类型专门机构的基本运营机制不同，公益一类更注重政府职能的履行，公益二类事业单位是类企业化运营。以履行政府职能为主的公益一类，更加重视项目的社会效益，注重投资的合理化。类企业化运营的公益二类则从企业生存的角度出发，同时关注社会效益和项目经济效益的实现。

表2-4　各地政府设立专门机构性质

序号	政府设立专门机构名称	性质/级别
1	广东省代建项目管理局	省政府直属副厅级事业单位
2	深圳市建筑工务署	市政府直属正局级行政管理类事业单位（一类）

续表2-4

序号	政府设立专门机构名称	性质/级别
3	深圳市福田区建筑工务署	福田区政府直属正处级全额财政拨款事业单位
4	深圳市南山区建筑工务署	南山区政府直属正处级全额财政拨款事业单位
5	深圳市光明区建筑工务署	光明区政府直属正处级全额财政拨款事业单位
6	鄂尔多斯市政府投资项目代建中心	市政府直属正处级公益一类事业单位
7	四川省省级机关房屋建设中心	四川省机关事务管理局下属的正处级公益二类事业单位

（2）项目承接方式。

项目承接方式主要有两类，一类是依据政府投资项目管理办法规定承接项目；另一类是依据政府办公会、决策会等政府办公会议决议要求承接项目。前者以政府发布的政策法规为依据，便于政府设立专门机构组织实施项目，培养和提升专业能力，提升管理水平和管理效益；后者则一事一议，存在一定的不确定性，专门机构的组织和运营计划性相对不足，一定程度上制约了机构的专业化发展。调查发现，各地从管理和监管的角度出发，均提倡由政府出台文件或法规的形式明确政府投资项目建设管理实施办法和细则，明确哪类项目由政府设立专门机构承接，发挥集中建设管理优势，提升管理的专业化、高效化。

江苏省、深圳市各区、广东省等政府出台相应的政府投资项目管理办法，规定政府投资项目经过立项审批后委托政府设立专门机构进行全过程管理。江苏省发布的《江苏省政府投资工程集中建设管理办法》（省政府令第181号），规定政府投资项目实施集中建设，实施单位可以是政府所属部门、事业单位、国有全资企业。深圳市福田区、南山区、光明区、龙华区等各区政府均发布各自的代建项目管理办法，在项目立项阶段将符合条件的政府投资项目批复给政府工程集中建设机构，即区建筑工务署进行集中建设管理。广东省发布的《广东省政府投资省属非经营项目建设管理办法》（粤府〔2022〕12号），明确实施集中建设管理的项目交由广东省代建管理局实施全过程管理。

未出台相应的政府投资项目建设管理办法的省市区，则通过政府办公会、立项会等会议并形成会议纪要，将符合条件的政府投资项目指定给政府设立专门机构组织实施。如鄂尔多斯市政府投资项目，通过市政府组织召开的常务会议，以会议纪要的形式指定项目由鄂尔多斯市政府投资项目代建中心组织实施。

（3）实施方式。

政府设立专门机构参与政府投资项目建设管理全过程，参与可研编制，组织实施前期报批报建、设计、招标、施工、竣工验收、工程结算、竣工决算、资产移交、后期维保等与项目建设全过程相关的工作，并配合产权登记。

项目的组织实施方式有分段管理和全过程管理两种。分段管理模式，各部门之间的制约机制，有利于控制建设标准、成本和工期，且互相监督机制还有利于廉政建设。全过程管理方式更便于项目全过程统筹，通过全过程统筹促进项目成本、工期合理化，实现人员配置、技术支持和管理制度的精细化。全过程管理方式对专业技术人员和专业机构的管理水平的要求相对更高。

①分段管理。

分段管理模式将整个建设管理过程按照阶段划分，交由不同部门进行管理。

广东省代建项目管理局设置不同部门负责项目不同阶段的工作，施工图审查合格之前归前期部管理，具体负责设计审查、报批报建等工作；开工前或者招标确定施工单位后，由项目建设管理部介入，直至交付，并提供质保期服务；项目完成后，计划财务部负责结决算和审计工作。其中，招标工作由招标合同部和计划财务部协同完成。

深圳市南山区工务署、深圳市光明区工务署以施工招标为节点将整个建设管理工作分为两个部分，施工招标前由前期部牵头完成，施工招标后由工程部牵头完成建设管理工作。

分段组织实施模式对建设管理工作界面划分较为清晰，各部门间互相协同、相互制衡，在一定程度上可以提高工作效率，但在项目统筹方面，稍显不足。

②全过程管理。

全过程管理的情况，会针对具体项目成立项目组，由项目组负责人牵头，全程跟进，协调各部门进行全过程管理。

深圳市福田区建筑工务署采用配备项目主任的方式对项目进行全过程管理，一个项目配备一位项目主任，同时配备各专业工程师，组成管理团队，负责从可研报告编制、报批报建手续、施工建设管理直至资产移交和后续质保期服务的全过程管理工作。

鄂尔多斯市政府投资项目代建中心实施项目组管理制，由项目组长牵头负责全过程建设管理，项目各阶段的具体事项则反馈归口科室决策。

四川省省级机关房屋建设中心实施全过程项目管理，项目部配备“项目长”和各“专业工程师”，专业工程师根据项目进展分阶段进入开展工作。

（4）权责关系。

政府设立专门机构的权责分配各地区不同，具体权责在专门机构设置批复文件或政府投资项目建设管理办法中予以明确。大致可分为两种情况：

第一种代表建设单位的情况，政府设立专门机构依据当地政府发布的政府投资项目建设管理办法等政策文件，代表政府或项目使用单位行使建设单位权利，承担建设单位主体责任，为工程项目的五方责任人之一，以建设单位名义申办不涉及产权的行政审批和技术审查事项。例如，广东省代建项目管理局、深圳市建筑工务署及深圳市各区建筑工务署、鄂尔多斯市政府投资项目代建中心等。

第二种仅提供建设管理服务的情况，政府设立专门机构配合建设单位完成报批报建工作，依据文件或合同要求承担工程项目的组织实施工作，非项目五方责任人，不能作为责任主体承担行政责任。例如四川省省级机关房屋建设中心等。

（5）取费情况。

代建管理费计取方式有按实际支出计取和按项目管理费拨付两种。公益一类项目多为前者，代建管理费按编外人员工资、专家费、项目运营（必要的交通、差旅、工作餐等）、技术研发创新、印刷费等的实际支出实报实销。部分地区要求编外人员工资不得计入，在编人员工资统筹拨付，不设代建管理费。公益二类为后者，拨付项目管理费用于单位人员工资、项目运营管理等。项目管理费取费标准当前多执行财政部504号文相关规定。

现状，政府设立专门机构多为事业单位，对于机构承担的政府投资工程项目，编内人员工资由财政全额拨付，根据项目需要聘用编外人员的情况，其工资用项目管理费或部门预算等保障。如深圳市各区建筑工务署、广东省代建项目管理局、鄂尔多斯市政府投资项目代建中心等。

对于采用企业化运作的政府设立专门机构，要自负盈亏，人员工资由机构自行解决。政府设立专门机构通过项目管理费、财政补贴或其他渠道确保人员工资。项目管理费取费标准通常按照财政部504号文相关规定执行。如四川省省级机关房屋建设中心等实施企业化运营。

财政部504号文项目建设管理费总额控制费率如表2-5所示。

表2-5　财政部504号文项目建设管理费总额控制费率表/万元

工程总概算	费率/%	算例	
		工程总概算	项目建设管理费
1000以下	2	1000	1000×2%=20
1001～5000	1.5	5000	20+（5000−1000）×1.5%=80
5001～10000	1.2	10000	80+（10000−5000）×1.2%=140
10001～50000	1	50000	140+（50000−10000）×1%=540
50001～100000	0.8	100000	540+（100000−50000）×0.8%=940
100000以上	0.4	200000	940+（200000−100000）×0.4%=1340

（6）盈利情况。

政府设立专门机构组织实施政府投资工程的情况，不考虑工程项目盈利。

2. 政府投资平台公司代建

政府投资平台公司代建的基本情况如表2–6所示。

表2-6　政府投资平台公司代建基本情况

主要内容	政府投资平台公司
机构性质	国有独资企业
项目承接方式	根据政府相关会议批复承接
实施方式	两种： 1. 自行组织实施，政府投资平台公司具备全过程建设管理能力 2. 委托企业二级单位组织实施，通过直接指定或内部招标选定。 实施方式：1. 分段管理；2. 全过程管理
权责关系	两种： 1. 代表建设单位（五方责任主体之一） 2. 不能代表建设单位（非五方责任主体）
取费情况	项目代建管理费多执行财政部504号文
盈利情况	大规模项目可实现盈利，中小项目收入无法覆盖人员薪资。人员薪资通过财政补贴、资产运营收入、资本金利息等方式保障。

（1）机构性质。

政府投资平台公司基本为政府出资成立的大型国有独资企业（例如表2–7），有省属、市属和区属等级别。多数企业规模较大，为拥有多家全资子公司和控股企业的集团型企业。政府投资平台公司业务覆盖投资、建设、城市运营、区域开发、金融服务等多个领域，并随着企业的发展不断扩充。

表2-7　政府投资平台公司性质

序号	名称	性质/级别
1	中国雄安集团	河北省政府出资设立的省属重点企业
2	北京城市副中心投资建设集团有限公司	北京市市属一级、特殊功能类国有独资公司
3	上海地产集团	上海市国有独资企业集团公司
4	重庆市城投集团	重庆市属国有重点企业
5	江苏省公共工程建设中心有限公司	隶属中国江苏国际经济技术合作集团有限公司，省属企业

（2）项目承接方式。

大型项目通常由政府通过正式的办公会议、决策会议、立项会议等形成会议纪要，并指定政府投资平台公司作为承接方。部分项目则由使用单位向政府提出立项申请，经政府审批立项后，在发展和改革部门的立项批复中明确由政府投资平台公司承接项目。

政府投资平台公司承担的政府投资工程项目建设管理职能，通常在平台公司成立的批准文件或政府投资项目管理条例中予以明确。例如，上海地产集团依据上海市人民政府的批准成立文件，被指定负责承接政府投资工程。同样，雄安新区管理委员会在其发布的《政府投资项目集中建设管理办法》（雄安政字〔2022〕2号）中，明确要求中国雄安集团负责政府投资工程项目的建设管理工作。

（3）实施方式。

政府投资平台公司拥有强大的执行能力，能够独立承担实施难度较高、结构复杂的项目。在获得政府委托的项目后，政府投资平台公司将全面管理项目建设的各个环节，包括参与项目的可行性研究编制、前期的报批报建、设计、招标、工程施工、竣工验收、工程结算、竣工决算、资产移交以及质保期服务等工作，并配合产权登记工作。

在项目实施的组织管理方面，有分段管理与全过程管理两种方式，其中后者更为普遍。具体选择哪种方式，往往取决于项目特点及人员配置。此外，针对专业性较强的项目，政府投资平台公司会委托其下属的专业二级单位负责项目的组织实施。二级单位的选定常通过指定或内部招投标程序进行。然而，即便在采用二级单位进行组织实施的情况下，集团公司的主体责任依旧不变。例如，上海地产集团和重庆城投集团均为此类情况。

（4）权责关系。

政府投资平台公司的权责在公司成立的批复文件中予以明确。通常情况下，政府投资平台公司并不能代表建设单位成为五方责任人，而是根据政府投资工程建设管理条例，承担相应阶段的管理责任。使用单位为建设单位，是五方责任人。政府投资平台公司负责项目全过程建设管理的情况，对建设过程承担管理责任。上海地产集团、重庆市城投集团、北京城市副中心投资建设集团的建设管理行为属于此类权责关系。

政府投资平台公司运用投融资功能的情形，政府投资平台公司为拥有土地所有权的开发企业，承担建设单位的主体责任，为五方责任人之一。项目竣工后，通过产权移交的方式，将项目所有权进行转移。在开发和运营阶段，权责关系明确，避免了因权责不匹配而可能引发的无法追溯责任的问题。以雄安集团为例，该集团通过政府授权获得开发用地所有权，负责项目的开发建设，提供项目管理服务。其他，如为建设保障房而设立的政府投资平台公司，也为此类运营模式。

（5）取费情况。

政府投资平台公司按照企业化模式运作，承接政府投资项目，并按照财政部504号文规定的标准收取工程管理费。

（6）盈利情况。

现状，概算总投资额较高的项目可以实现一定的盈利，而中小型项目则通常难以达到盈利的目的。在504号文取费标准无法覆盖人员薪酬开支的情况，政府投资平台公司通过财政补贴、资产运营收益（如租金收入）、资本金利息等维持财务平衡。在国企业绩考核方面，通过协商降低盈利目标或调整考核指标等措施，以满足考核要求。

3. 市场化代建

市场化代建的基本情况如表2-8所示。

表2-8　市场化代建的基本情况

主要内容	市场化代建
机构性质	三种： 1. 国有企业 2. 民营企业 3. 混合所有制企业
项目承接方式	参与政府公开招标或邀请招标
实施方式	两种： 1. 建设过程管理 2. 项目开发全过程管理 实施方式：派遣以项目经理（总经理）为首的项目团队组织实施
权责关系	合同约定权责，多数地区不认可行政责任，不能代表建设单位
取费情况	两种： 1. 执行财政部504号文 2. 执行地方政府出台的取费标准
盈利情况	两种： 1. 非经营性项目不盈利 2. 经营性项目通过后期运营及其他咨询服务实现盈利

（1）机构性质。

市场化代建单位通常为具有专业工程管理能力的国有企业、民营企业和混合所有制企业（例如表2-9），目前设计、施工、监理、全过程工程咨询、房地产开发等类型的企业均参与市场化代建。房地产开发企业凭借其在项目开发管理领域的丰富经验，在政府投资工程代建市场上占据了较高的市场份额。

表2-9　市场化代建单位性质

序号	名称	性质/级别
1	金地集团开发管理公司	混合所有制企业
2	深圳市万科城市建设管理有限公司	混合所有制企业
3	华润置地有限公司	国有企业
4	厦门建发建设运营管理有限公司	国有企业
5	龙湖集团龙湖龙智造	民营企业
6	河南中原建业城市发展有限公司	民营企业
7	绿城管理控股有限公司绿城乐居集团	国有企业
8	蓝城乐居建设管理集团有限公司	民营企业
9	旭辉管理集团有限公司	民营企业

（2）项目承接方式。

市场化代建单位通过参与政府的公开招标或邀请招标程序来获取项目。

（3）实施方式。

市场化代建单位所提供的代建服务内容，根据项目需求的差异，大致可以划分为工程管理代建、建设全过程代建、开发全过程代建以及全生命期代建。在政府投资的工程项目中，工程管理代建与建设全过程代建的应用较为普遍。近年来，全生命期代建的需求呈现出增长趋势，华润南山模式便是一个典型代表。

①工程管理代建。

指建设工程实施过程的代建，业务内容包括项目规划设计管理、施工管理、成本控制管理、招投标管理、报批报建服务、项目交付管理以及质保期服务等。市场化代建单位仅负责项目实施阶段的管理职责，并在项目竣工后将其移交给政府或相关使用单位。学校、医院等政府投资非经营性公共建筑项目多为此类代建。

②建设全过程代建。

指从项目投资决策到建设工程实施过程的代建。投资决策包括投资决策咨询、可行性研究、风险评估、前期策划、项目定位等，个别还包括征地拆迁。建设工程实施过程业务内容同工程管理代建。市场化代建单位从项目策划阶段开始参与项目，提出项目定位、经济测算等，辅助项目投资决策。项目立项后，市场化代建单位负责项目建设过程的建设管理工作，并在项目竣工后将其移交政府或相关使用单位。保障房、大型和地标性公共建筑类政府投资工程项目多采用此类代建。

③开发全过程代建。

指承担与项目开发相关的全部工作的代建，业务范围涵盖建设全过程管理、营销代理、品牌管理（如有）、投融资管理等。其中，营销代理工作包括销售或招商方案的策划与执行。

④全生命期代建。

业务范围包括项目开发全过程代建和项目运营管理。运营管理工作包括设施、资产管理和物业管理等。市场化代建单位自项目前期策划阶段即参与其中，承担项目的组织实施以及项目竣工后的运营管理工作。政府投资经营性项目，如文体中心、会议中心、产业园、综合办公和景区建设等，多采用此类代建模式。

市场化代建单位通过派遣以项目经理为核心的项目团队，承担项目的组织与实施工作。各代建单位的项目团队构成存在差异，房地产开发类代建单位通常依据地产板块开发项目的人员配置标准来组建团队。

（4）权责关系。

在我国，市场化代建单位根据代建合同承担相应的民事责任。在多数地区，市场化代建单位的建设单位主体地位尚未得到认可，因此无法承担行政责任。市场化代建单位主要负责合同约定的建设管理工作，其权利与责任均通过代建合同进行明确。在承接项目时，市场化代建单位会与委托方进行深入沟通，以确保双方对项目实施过程中各项工作的权利与责任有清晰的认识。例如，金地集团开发管理公司和旭辉集团都制订了详尽的权责分配体系表，这些表作为合同附件，用于与委托方明确权责关系。绿城乐居集团则根据项目的复杂性调整权责确认流程，将权责确认表作为代建合同的附件，以明确双方的权利与责任。

（5）取费情况。

关于市场化代建单位承接政府投资项目的建设管理费取费标准，目前多地执行财政部504号文，同时部分省市也出台了各自的地方标准。例如，杭州市政府发布了《推行杭州市拆迁安置房项目代建制实施意见（试行）的通知》（杭政办函〔2008〕397号），规定代建费不得超过工程总投资的3%；郑州市针对保障房项目，由政府与市场化代建单位约定按照周边地块的市场均价或固定平方米单价进行回购，代建费包含在回购价格之内。

（6）盈利情况。

非经营性政府投资项目的建设管理费取费执行财政部504号文的情况，多数项目管理费无法覆盖人员薪酬，项目基本不盈利。经营性政府投资项目则通过代建单位在后期的运营管理和提供其他咨询服务来实现项目的盈利。

4.三种代建模式比较

（1）机构性质。

政府设立专门机构的性质为事业单位，其员工薪酬由财政资金支付，该机构不以盈利为目的，并且与政府各职能部门之间的沟通与协调工作相对顺畅。在非经营性政府投资项目的建设管理方面具有固有优势。

政府投资平台公司通常为地方国有企业，负责承接政府委托的工程项目，这些项目包括但不限于重点和大型项目。作为国有全资的平台公司，政府投资平台公司在业务模式上具有多样性，旗下拥有多种类型的子公司，展现出强大的项目综合管理能力。此外，该类公司在投融资方面享有较大的自主性，人力资源丰富，服务范围广泛。

市场化代建单位则涵盖了国有企业、民营企业以及混合所有制企业等多种企业类型，能够根据项目具体需求选择合适的企业类型，其服务范围也具有较高的灵活性。

（2）项目承接方式。

政府设立专门机构和政府投资平台公司，依据政府办公会议的决议，由发展改革部门予以指定。部分政府设立专门机构根据地方政府颁布的政府投资工程建设管理办法等规范性文件规定承接项目。市场化代建单位通过参与政府公开招标或邀请招标等方式获取项目。

由于政府设立专门机构和政府投资平台公司承担的项目类型具有明确性，因此在多项目统筹管理及项目经验推广方面具有显著优势。

市场化代建单位在盈利方面有明确的目标，承接非经营性政府投资项目更多的是基于促进商业项目开发、提升企业形象、改善政企关系等非直接盈利动机。因此，从盈利角度看，市场化代建单位对于承接非经营性政府投资项目的热情相对较低。然而，在政府投资的经营性项目方面，市场化代建单位凭借其丰富的开发经验，在市场竞争中占据了有利地位。

（3）实施方式。

政府设立专门机构，人员具备高度专业的政府投资项目管理相关知识和素养，多自行组织实施项目。例如，广东省代建中心、鄂尔多斯代建中心、江苏省公建中心等。深圳各区建筑工务署为弥补专业力量和人员的不足，引进了市场化代建。自行组织实施的情况，有以施工总包招标为分界的分段管理模式和项目全过程管理模式，前者的优势在于通过不同部门之间的相互确认，确保各阶段工作衔接顺畅，提高管理质量；后者的优势在于统一指挥下的项目整体控制，有利于资源优化配置及风险防控。市场化代建的情况，代建单位通过招投标或邀请招标等方式决定，通过签订代建合同，约定服务内容、取费以及权责等。另外，政府设立专门机构受事业单位编制的限制，人员少项目多是常态，人均管理项目数量较多，管理压力大。

政府投资平台公司主要是地方国有企业，具备丰富的建设经验。公司规模庞大，旗下拥有众多子公司及控股企业，展现了卓越的综合能力和强大的组织实施能力。另外，作为具备投资和建设开发能力的政府企业，政府投资平台公司在土地整理和资金支付等工作中也具有显著优势，组织实施方式分为自行组织实施和委托二级单位组织实施两大类。无论采取哪种方式，均实行项目经理全过程管理，强化项目整体统筹效果，提升项目投资效益。例如，北投集团的项目均自行组织实施，代建协议由行业主管部门、北投集团和使用单位三方签订，北投集团提供项目全过程代建，服务涵盖前期的土地拆迁、确权到后期的运维保修等。中国雄安集团、上海地产集团和重庆城投集团均采用自行组织实施和委托集团二级单位组织实施两种方式，无论采取哪种方式，均实行项目全过程管理。重庆城投集团还提供项目运维服务，但需额外签订运维服务合同，明确服务内容、费用及双方权责。这种方式有利于整合资源，提高项目后期的运营效率，同时也能为政府提供更为全面和专业的项目管理方案。

市场化代建的情况，无论是从事设计、施工、咨询还是房地产开发的企业，尽管承接的代建业务内容存在差异，但普遍采纳全过程管理模式。企业凭借其完善且高效的项目管理标准化体系，为项目提供卓越的建设管理服务。

（4）权责关系。

政府设立专门机构及政府投资平台公司代建的情况，建设阶段的管理责任主体为政府设立专门机构或政府投资平台公司，其权力与责任的划分是明确的。然而，在市场化代建的情形中，由于多数地区并不承认市场化代建单位作为建设单位的主体地位，这导致了项目实施过程中权力超出责任承担范围的问题，进而引发了所谓的“钓鱼工程”“烂尾工程”以及工程质量低下等诸多问题。由于市场化代建的责任归属不明确，追责变得困难，最终往往需要政府承担超额费用。此外，市场化代建单位在项目报批报建、资金拨付、进度管理等需要与政府各管理部门进行沟通协调的方面，与政府设立专门机构和政府投资平台公司相比，通常仅能扮演辅助角色。

（5）取费情况。

政府设立专门机构为事业单位，不收取建设管理费。政府投资平台公司和市场化代建单位收取建设管理费，取费标准多地执行财政部504号文，杭州、上海等颁布地方取费标准的地区，则执行地方标准。

（6）盈利情况。

政府设立专门机构属于事业单位范畴，其运作不以盈利为目的。相对地，政府投资平台公司及市场化代建单位则属于企业性质，其业务的开展需要项目盈利。

政府投资平台公司的主要职能是执行政府投资的项目，其核心宗旨在于履行政府职责，而非追求项目的盈利。即便市场化代建单位通常将盈利视为主要目标，但在特定情况下，例如，学校建设、绿地公园开发等旨在提升开发项目价值的工程，以及为了增强企业品牌影响力的大型项目代建，企业会基于综合评估，对盈利与其他目标的优先级进行适当调整。

（7）项目管理优势对比。

在概算控制方面，确保不超出概算是管理的关键环节之一。政府投资项目的审计工作极为严格，对概算控制执行明确的限制，严禁任何项目超出概算。政府设立专门机构和政府投资平台公司，深入理解政府投资工程项目概预算管理的重要性，并构建了完善的控制管理机制，以确保满足不超出概算的要求。市场化代建单位对政府投资工程项目预算控制认识不充分，导致项目超出概算的情况在各地时有发生。因此，在概算控制方面，市场化代建单位亟需加强。

在质量控制方面，政府投资工程项目受到公众的监督，对工程质量有着严格的要求，因此对建设管理单位的管理能力和施工单位的技术能力提出了较高的标准。政府设立专门机构和政府投资平台公司拥有丰富的同类型项目经验，形成了一定的标准化管理体系，为质量控制提供了便利。市场化代建单位的专业能力不均衡，其中规模较大、信誉良好的大型企业通常拥有较高的质量控制水平，而规模较小、经验不足的企业在质量控制方面则相对较弱。

在工期管理方面，政府投资工程项目因其社会属性，通常会提出更为紧迫的工期要求，例如为了满足学校开学或设施投入使用等需求。政府设立专门机构和政府投资平台公司，利用其身份上的优势，能够较为容易地协调并开通特殊审批渠道，从而缩短报批报建的审批时间，节约工期。相对而言，市场化代建单位则不具备此类优势。

在组织协调方面，由于政府投资工程项目的投资方与使用方不同，二者存在需求差异，平衡双方需求为项目管理的难点之一。政府设立专门机构和政府投资平台公司，借助其特殊的身份优势，更为高效地调和投资方与使用方之间的需求分歧。相较于市场化代建单位，在处理此类协调事务时，往往面临更多的挑战。

在防腐和风险控制方面，政府投资项目的资金主要源自政府财政预算。政府对腐败现象持零容忍态度，并坚决防止资金被挪用。为此，政府设立专门机构和政府投资平台公司，作为政府、部门和国有企业的代表，其项目管理的合规性较强，具有显著的优势，而市场化代建在合规性方面则明显不足。

综合前述分析，三种代建模式在市场化层面上均通过招投标机制在项目实施过程中引入了市场竞争。在专业化层面上，政府设立专门机构主要关注学校、医院、行政办公业务用房及相关设施、社会事业方面等项目类型；政府投资平台公司则依托其综合开发实力，承担了更多大型综合型建设项目；市场化代建则表现出更高的灵活性，能够根据项目特性选择合适的代建单位。在规范化层面上，政府设立专门机构和政府投资平台公司均遵循较为严格的管理规范，而市场化代建单位在合规性方面尚需进一步加强。在透明化层面上，政府设立专门机构由于不以盈利为目的，其管理透明度相对较高；政府投资平台公司以完成政府交办任务为目标，管理透明度亦较为理想；市场化代建单位以盈利为经营目标，需在成本控制与盈利之间寻求平衡，为增强公众信任，通常会采取定期公开项目进度和成本信息等措施来提升管理透明度。

2.3　国内外政府投资工程组织实施模式比较分析

各国在政府投资工程项目组织实施方面实行分类管理。鉴于非经营性项目与经营性项目在投资方式及运营需求上的差异，各国采取不同的组织实施模式。非经营性项目中保障性住房和公共建筑工程，会采用不同的组织实施模式。

以下分别对非经营性项目和经营性项目的组织实施模式进行比较分析，涉及我国内地、香港特别行政区、德国和新加坡的具体做法。

2.3.1　非经营性项目

1. 公共建筑

中国香港特别行政区与德国均采取由政府指定的专业机构负责非经营性政府投资的公共建筑项目实施，以确保建设主体责任明确、实施流程规范。这些专业机构拥有强大的专业能力和高效的管理效能，能够满足政府在非经营性项目投资方面的需求。在中国香港特别行政区和德国，政府以委托方式将项目交由指定的专业机构负责，这些机构承担建设主体责任，并独立组织和实施项目，全面管理项目建设过程。这些专业机构通过不断积累同类项目的建设管理经验，逐步增强了其专业管理能力。中国香港与德国的区别在于，德国在项目前期和建设阶段的主体责任人不同，形成了相互监督的机制，以强化资金监管。中国香港发展局除了提供工程建设管理服务外，还提供投资管理和运营管理。然而，不论是中国香港特别行政区还是德国，政府指定的专业机构均以提供政府公共服务为宗旨，且不收取建设管理费。

新加坡在建国后，经过高速发展期的集中、大量开发阶段后，20世纪90年代末期，政府对公共建筑项目的投资开始减少，年建设量逐渐趋稳。供给进入平稳期后，新加坡政府启动了政府投资工程项目组织实施模式改革。随着市场化改革的深入，1999年缩减政府职能，政府的角色被重新定位为仅负责管理工作，而建设管理和运营则全面市场化，将承担建设管理职能的国有机构转型为股份公司。转型后，尽管通过招投标方式确定工程承包商，但工程项目实际上集中在几家拥有政府投资公共建筑项目管理经验的企业手中，如CPG、凯德置业等知名公司，呈现出相对集中的状态。新加坡政府通过招标方式选择市场化代建单位负责非经营性公建项目的组织实施，通过合同明确管理职责、服务范围及管理费等。参与投标的企业不受国企或私企的限制，只要满足政府投标资格的企业均可参与项目竞标。新加坡对投标企业的资格设定了严格的标准，要求具备高水平的专业知识、项目管理经验、技术实力和管理能力等，并且会综合评估过往的政府投资工程项目的执行情况，以确保政府投资公共建筑项目由杰出的专业管理公司来执行。市场化代建单位全面负责项目管理，参与从项目前期立项到完成交付全过程管理工作。政府通过向代建单位支付符合市场一般水平的合理的建设管理费，确保投标单位积极参与政府投资工程的建设管理。

在我国内地，政府设立专门机构组织实施模式，其运作模式与香港特别行政区及德国的政府指定专业机构类似。在委托层面（表2–10），我国内地、中国香港特别行政区与德国之间的差异并不显著。项目通常由政府通过官方文件或会议纪要等形式，直接指派给特定的专门机构来执行。尽管指定的机构性质存在差异，我国内地的机构为事业单位性质，而中国香港特别行政区和德国的机构则属于政府直属的专业机构。在实施层面，这些专门机构均实行专业化管理，承担建设项目的主体责任。其人员薪酬由政府提供，不收取建设管理费，且无盈利目的。相比之下，政府投资平台公司则采用企业化运作模式，其实施方式及代建费用的收取与政府设立的专门机构有所不同。此外，业务范围上也存在差异，例如香港发展局除了投资和建设管理外，还提供运营管理服务。政府设立专门机构组织实施模式，具备三项显著优势。首先，政府设立专门机构与项目审批监管部门同属于政府体系，管理目标一致，便于沟通协调，从而有利于报批报建、资金审定审核等工作的顺畅推进；其次，通过直接指定的方式，避免了代建单位招标所需的时间，简化了项目管理流程，从而提高了项目建设的效率；最后，利用同类型项目的集中优势，实现了批量招标，降低了项目管理成本，提升了管理效益。此外，在标准化管理方面，中国香港特别行政区和德国均重视标准化，针对建设管理的不同阶段，制定了相应的管理标准。在合同管理方面，不仅提供了合同范本，还包括了详尽的规格书，涵盖建筑结构、环境工程（包括水暖电等）、智能管理系统等内容，在招投标管理中起到了关键作用，并在建设品质控制、成本控制方面展现了显著的应用效果。

我国内地的市场化代建组织实施模式与新加坡存在若干相似之处：其一是均通过公开招标的方式选择市场化代建单位；其二是项目承接主体既有国有企业也有民营企业，完全依据市场机制进行选择。然而，两者在具体操作上存在差异：在业务内容方面，新加坡对相关业务有明确的规定，而我国内地则没有明确规定，依项目而不同。在权责分配方面，新加坡的项目承接企业能够实际承担建设方主体责任，而我国内地则不能承担建设方主体责任，实际权责并不匹配。在项目取费和盈利方面，新加坡遵循市场规律，以获取合理利润为前提设定合理的建设管理费，并在合同中约定；而我国内地大多数地区的取费执行财政部504号文，现状小型项目取费过低，项目代建难以盈利，因此项目决策综合考虑其他价值，如配建的学校、医院、绿地、道路等设施是否能提升商业开发项目的价值；维护和改善政府与企业间的关系，增强政府对企业的信任，为未来的政企合作创造机会；通过代建地标性建筑提升企业品牌影响力，为代建业务拓展提供支持等。在代建单位的集中度方面，相对于新加坡集中在几家专业实力强的大企业的情况，我国内地则不确定。因此，我国内地推广市场化代建有三个根本问题亟待解决。

表2-10 非经营性政府投资公建类项目组织实施模式对比

分析要点		我国内地			中国香港特别行政区	新加坡	德国
组织实施主体		集中		非集中	集中	非集中	集中
		政府设立专门机构	政府投资平台公司	市场化代建单位	香港发展局	CPG集团/凯德等	联邦不动产管理局
委托	项目类型	新/改/扩建	新/改/扩建	新/改/扩建	新/改/扩建	新/改建	新/改建
	投资主体	政府	政府	政府	政府	政府	政府
	服务内容	投资管理和建设管理	投资管理和建设管理	依合同约定	投资和建设和运营管理	投资管理和建设管理	建设管理
	是否招投标	否	否	是	否	是	否
	是否有合约	否	否	是	否	是	否
	标准化文件	有	有	有	有	有	有
实施	项目来源	委托	委托 招投标	招投标	委托	招投标	委托
	机构性质	事业单位	地方国企	国企/民企/混合	政府部门	国有控股/民企	政府专门机构
	实施方式	分段/全程，专业化	分段/全程，专业化	全程，专业化	专业化	全程，专业化	分段，专业化
	权责关系	建设方	建设方	合同约定责任	建设方管理方	合同约定建设方	建设方
	取费情况	0	财政部504号文	国家、地方政府文件	0	合同约定	0
	盈利情况	否	基本不盈利	亏或持平	否	盈利	否

一是代建单位的建设单位主体责任地位的认可。解决目前由于代建单位的主体地位未得到认可而导致的沟通协调问题，灵活运用政府办公会议等行政手段提升报批报建效率，防止因问题的悬而未决而导致的项目延期或停滞。

二是代建单位综合能力的评估和公示。通过评估和公示，确保参建单位的专业管理实力，提升代建单位的综合实力。

三是代建管理费取费标准的合理确定。通过符合市场一般水平的取费标准，提升代建单位参与项目的积极性，确保充分的市场化竞争。

2. 保障性住房

保障性住房项目是关键的民生工程，中国香港特别行政区的租屋、新加坡的组屋以及我国内地的保障性住房等属于保障性住房。

中国香港和德国的保障性住房项目由政府部门或政府设立的专门机构负责组织实施。中国香港房屋委员会和房屋署、德国联邦不动产管理局承担建设方职责。中国香港房屋委员会和房屋署、德国联邦不动产管理局责任分配明确，并与投资管理、监管机制以及建设管理制度紧密相连，具备独立且专业的项目管理能力，通过委托方式承接工程，不收取项目管理费，且不以盈利为目的。业务范围方面，中国香港房屋委员会和房屋署还负责协调项目用地、办理用地手续等相关事宜。

新加坡政府于2003年启动了政府职能改革，旨在优化组织架构、提高专业管理水平以及降低公务员成本。改革过程中，建屋发展局的角色得到了重新界定，其职能被限定为制度设计与监督管理。组屋的设计、施工及项目管理职能则交由建屋发展公司承担。该公司在2005年通过股权转让，成功转型为国有控股公司。作为组屋的所有者与建设者，建屋发展公司负责组屋的投资、建设和运营，具备专业的建设管理能力。公司通过招投标方式获取项目，并在合同中明确约定合理的建设管理费用，以实现项目的合理盈利。随着组屋市场化运作机制的日益成熟，新加坡政府亦开始引入民营企业参与项目建设，民营企业主要承担建设阶段的管理责任。

在我国内地，保障房的组织实施模式因地区而异，投资主体也各有不同。现阶段，政府设立专门机构、政府投资平台公司和市场化代建三种模式并存。

（1）政府设立专门机构或政府投资平台公司代建。

目前，我国大部分地区采用政府投资平台公司负责保障性住房项目的组织实施。如北京保障房中心有限公司和深圳市安居集团等。政府投资平台公司通过委托方式承接项目，业务范围涵盖新建、更新工程项目的投融资、建设以及运营管理等。政府投资平台公司扮演着投资者、建设者和运营者多重角色，具备专业的开发和建设管理能力。这种组织实施模式与我国现行的建筑业管理制度体系相契合，权责划分明确。此外，公司运营体制还满足投融资需求。建设管理费多数地区执行财政部504号文。

部分地区由政府设立专门机构负责保障性住房的组织实施。通过委托方式承接项目，政府设立专门机构为建设方，承担投资管理和建设管理职责。专门机构具备专业的建设管理能力，了解政府投资项目的制度和流程，能够提供专业高效的服务。

两种代建模式在委托维度上与中国香港、德国基本一致且较为成熟。在实施维度上，中国香港特别行政区和德国均不收取管理费，无盈利需求。我国事业二类政府设立专门机构和政府投资平台公司采用企业化运作，管理费执行财政部504号文取费标准，不以盈利为目的，通过财政补贴、资产运营、资本金利息等方式实现收支平衡。

（2）市场化代建。

我国部分地区，为了提升保障性住房的建设品质、管理效能以及政府投资的效益，政府尝试将保障性住房建设任务委托给具备丰富开发经验的房地产开发企业，包括国有企业和民营企业。市场化代建单位通过公开的招投标程序获得项目，并签订代建合同，合同中详细规定了各方的责任、权利以及服务内容等。市场化代建单位利用其开发经验，提供专业化的服务。该模式充分引入市场竞争机制，打破了政府机构的独家垄断，提升了公平与公正性。此外，市场化代建能够根据项目的具体需求，选择合适的代建单位，优化资源配置，节约投资成本。

在委托方面，我国内地市场化代建的实施模式与新加坡相似，均实现了充分的市场竞争。实施方面，新加坡建屋发展公司与民营企业处于平等的竞争地位，扮演建设方角色，承担建设管理责任；而我国内地市场化代建单位的法律地位尚不明确，制度法规和操作细则尚不完善，代建单位的建设方主体责任未得到认可。依据我国《行政诉讼法》和《国家赔偿法》的规定，“代建委托不属于行政委托范畴，代建单位不能承担行政责任，发生质量安全责任事故时，政府机关需承担相应的法律责任。”我国内地代建存在权大于责的问题，政府承担风险的同时，代建单位实际上提供的是“名为代建，实为全过程工程咨询”的服务。关于代建管理费，大多数地区执行财政部504号文取费标准，部分地区如浙江省杭州市等则发布地方取费标准，或允许根据项目实际支出列支，或采用单价包干等方法，合理的管理费率吸引了优质企业的参与。目前，我国内地代建单位承接保障性住房项目的主要目的是增加项目承接量、通过项目提升与地方政府的关系，而非单一追求盈利。因此，在保障性住房项目中推广市场化代建，还需进一步完善相关的制度和标准。

表2-11　保障性住房项目组织实施模式对比

分析要点		我国内地			中国香港特别行政区	新加坡	德国
组织实施主体		集中		非集中	集中	非集中	集中
		政府设立专门机构	政府投资平台公司	市场化代建单位	香港发展局	CPG集团/凯德等	联邦不动产管理局
委托	项目类型	新建	新建 更新	新建 更新	新建 更新	新建 更新	新建
	投资主体	政府	政府	政府	政府	政府 民间	政府
	服务内容	投资管理、建设管理	投资管理、建设管理	依合同约定	投资、建设、运营管理	投资管理、建设管理	建设管理
	是否招投标	否	否	是	否	是	否

续表2-11

分析要点		我国内地			中国香港特别行政区	新加坡	德国
委托	是否有合约	否	否	是	否	是	否
	标准化文件	有	有	有	有	有	有
实施	项目来源	委托	委托	招投标	委托	招投标	委托
	机构性质	事业单位	地方国企	国企/民企/混合	政府部门	国有控股/民企	政府专门机构
	实施方式	分段，专业化	分段/全程，专业化	全程，专业化	专业化	全程，专业化	分段，专业化
	权责关系	建设方	建设方	合同约定责任	建设方管理方	合同约定建设方	建设方
	取费情况	0	财政部504号文	国家地方政府文件	0	招投标合同约定	0
	盈利情况	否	否	持平、微利	否	盈利	否

2.3.2 经营性项目

经营性政府投资项目建成后能够带来长期稳定的收益，此类项目拥有一定的融资能力。我国自20世纪90年代末期起，汲取国际上普遍采用的企业法人制度经验，以1995年水利部发布的《关于水利建设工程项目实行项目法人责任制的若干意见》（水建〔1995〕129号）及1996年国家计委颁布的《关于实行建设项目法人责任制的暂行规定》（计建设〔1996〕673号）为里程碑，确立了“国有单位经营性基本建设大中型项目在建设阶段必须成立项目法人”的原则。通过组建与项目相关的有限责任公司或股份有限公司，实现业主对项目的管理，项目法人则全面负责项目的策划、资金筹集、建设实施、生产经营以及债务偿还等事宜。

中国香港特别行政区与新加坡均实行项目法人制。在新加坡，基础设施工程项目一般由政府部门承担投资、建设和管理职责，通常采用设计—建造（DB）或交钥匙合同方式对外发包；其他工程则通过公开招标的方式选定代建单位，参与的企业既包括国有企业也包括民营企业，代建单位将承担建设方的职责，涵盖投资管理和建设管理。在香港特别行政区，大型公共工程项目由公营机构负责投资管理和建设管理；中小型设施或新建基础设施项目，则根据投资结构、政府资金投入方式、产权归属以及运营模式等因素，灵活采用私人融资计划（PFI）或建设—运营—移交（BOT）等模式，通过招投标程序确定代建单位，并在合同中明确投资、建设、运营等服务内容。

我国内地项目法人制实施方式与中国香港特别行政区和新加坡存在一定的差异。我国内地政府投资平台公司代建主要依赖国有企业，而中国香港特别行政区和新加坡除了政府投资平台公司外，还积极吸纳民间资本和民间建设管理企业参与项目。我国内地、中国香港特别行政区和新加坡在收费和项目盈利方面享有较大的灵活性，能够根据工程项目的具体需求选择PPP、BOT等模式。

政府设立专门机构委托市场专业管理企业承接项目的情况，市场专业管理企业不能承担建设方主体责任，项目法人责任仍然归属政府设立专门机构；市场专业管理企业依据合同参与项目的策划、资金筹措、建设实施、生产经营以及债务偿还等工作，承担民事责任。市场专业管理企业与政府设立的专门机构在管理功能上存在一定重叠，人员配置有重复，在一定程度上增加了人工成本，管理流程节点的重复还带来决策研判时间过长等问题。市场专业管理企业虽然身处其位，却无法充分施展职能，地位尴尬。我国政府设立专门机构委托市场化代建的情况在管理制度上还需进一步完善。

经营性项目组织实施模式对比如表2-12所示。

表2-12 经营性项目组织实施模式对比

<table>
<tr><th colspan="2">分析要点</th><th colspan="2">我国内地</th><th>中国香港特别行政区</th><th>新加坡</th></tr>
<tr><td colspan="2" rowspan="2">组织实施模式</td><td>集中</td><td>非集中</td><td>集中</td><td>非集中</td></tr>
<tr><td>政府投资平台公司</td><td>代建单位</td><td>项目法人责任制</td><td>1.基础设施职能部门
2.新加坡CPG集团等项目法人</td></tr>
<tr><td rowspan="3">委托</td><td>项目类型</td><td>新建、改建、扩建</td><td>新建、改建、扩建</td><td>1.新建大型公共工程
2.新建中小型设施
3.新建基础设施项目</td><td>新建
更新</td></tr>
<tr><td>投资主体</td><td>政府
民间</td><td>政府
民间</td><td>1.政府
2.政府非主要出资人
3.政府回购</td><td>1.政府
2.政府或民间</td></tr>
<tr><td>服务内容</td><td>投融资、建设、运营管理</td><td>依合同约定</td><td>1.投资、建设管理
2.投资、建设、运营管理
3.投资、建设、一定期间运营管理</td><td>1.投资、建设、管理
2.投资和（或）建设管理</td></tr>
</table>

续表2-12

分析要点		我国内地		中国香港特别行政区	新加坡
委托	是否招投标	是（部分委托）	是	是（部分委托）	是（部分委托）
	是否有合约	有	有	有	有
	标准化文件	有	有	有	有
实施	项目来源	1.委托 2.招投标	招投标	1.委托 2.招投标	1.委托 2.招投标
	机构性质	国企	国企/民企/混合	1.公营机构 2. PFI 3. BOT	1.政府部门 2.国企、民企
	实施方式	全程 专业化	全程 专业化	全程 专业化	全程（DB或交钥匙）专业化
	权责关系	所有方 建设方 运营方	合同约定 建设方 （非项目法人）	1.建设管理方 2.建设运营方	1.建设管理方 2.建设运营方
	取费情况	1.财政部504号文 2.合同约定取费	合同约定	合同约定	合同约定
	盈利情况	盈利	基本不盈利	盈利	盈利

综上所述，非经营性项目主要追求社会效益，不以盈利为目标。德国和中国香港特别行政区由政府设立专门机构负责组织实施。新加坡通过招投标选取市场化代建单位组织实施。市场化代建单位为符合制度要求的优秀专业管理企业，新加坡政府支付符合市场一般水平的代建管理费。我国内地有政府设立专门机构代建、政府投资平台公司代建和市场化代建三种模式，各地依据本地项目情况选择不同代建模式。

经营性项目因有盈利需求，多数国家和地区实施项目法人制。在中国香港特别行政区，盈利水平较低或运营周期较长的大型公共工程，政府委托独立的政府公营机构负责建设与管理；对中小型设施或新建基础设施，政府根据投资结构、出资形式、产权归属及运营模式等，灵活选择PFI（私人融资计划）或BOT（建设—运营—移交）等建设管理模式，通过招标程序，选择具备专业管理能力的企业，签订建设管理合同，企业依据合同提供投资、建设、运营等管理服务。我国内地实施项目法人制，组织实施模式与国际接轨，引进多种建设管理模式。

2.4　问题分析

政府设立专门机构再委托市场专业管理企业承接项目的情况近年呈减少态势，从另一个角度暴露出市场化代建在实务操作中仍存在很多问题。迫切需要通过政策制度建设理顺投资方、使用方、代建方等项目参与各方之间的权责关系，推动管理标准化，强化监管制度。另外，通过政策引导和机制创新来提升代建单位的专业能力和责任意识。确保代建项目建设管理高效、规范、合规。

政府投资平台公司作为代建单位，其综合实力、专业技能以及操作合规性方面得到广泛认可，项目实施过程相对顺利。然而，从平台公司将政府投资工程代建的目标设定为“完成政府交办的任务”的角度看，我们仍需关注如何在保证工程质量、进度和成本的同时，进一步提高代建单位的服务质量和效率。建立涵盖项目后评价的管理闭环尤为关键。鉴于代建费用偏低可能导致的参与企业积极性低下的问题，应在考察市场一般水平的基础上设定合理的代建管理费，激发代建单位的内在动力。此外，加强招投标过程监管，确保公开、公平、公正，提高管理过程透明度，降低投诉风险，也是提升政府投资工程整体实施效果的有效措施。

以下从代建单位管理和代建项目管理两个方面分析我国政府投资工程代建面临的问题。

2.4.1　代建单位管理

我国内地政府投资工程组织实施模式依据各省市区的规定执行。由于各省市区政府投资项目的类型、规模、数量各不同，其组织实施模式也不尽相同。在国家政策引导下，逐步形成以政府设立专门机构、政府投资平台公司和市场化代建单位为主体的三类建设管理模式，三类建设管理模式在实践中存在以下问题。

1. 代建单位选择机制需进一步完善

选用市场化代建单位的情况，存在代建单位遴选标准缺乏针对性、市场竞争不充分等问题。此外，部分代建单位在专业技能和资金实力上难以满足项目要求，影响了工程质量和进度。进一步完善代建单位遴选机制，合理设定准入门槛，是提升代建成效的关键。例如，广东省代建管理局采用市场化代建的情况，通过公开招标方式选定的代建单位，在项目实施过程中出现由于项目地经验不足、专业技能欠缺，而导致项目延期和成本增加等问题。此外，采用设计、施工、监理类企业为代建单位的情况，该类企业以乙方角色考虑问题的惯性思维导致其对项目的整体统筹和控制稍显不足。另外，部分省市出台根据项目特点设定的资质、业绩、资信等遴选条件，并采用合格单位入库和限定范围邀请招标等措施来更加精准地遴选地确定代建单位，取得一定成效。

政府投资平台公司为政府指定的代建单位，在一定程度上确保了政府投资项目建设管理的连贯性和稳定性。但其行政主观性，在代建单位选择上缺乏市场竞争。为了合理引入市场竞争，上海市建立了代建单位名录制度，通过事前严格审核企业资质和业绩来筛选专业能力强且信誉良好的企业，形成一定的竞争。因此，建立公开透明的代建单位选择机制，可以更好地提升政府投资工程建设管理水平，推动行业服务质量的整体提升。

2.政府设立专门机构在人员、技术和制度方面还需完善

政府设立专门机构普遍存在人手不足、薪酬偏低、责任过重，以及优秀人才留不住、养不起的问题。应通过制度解决人员不足问题，并适当提升管理和技术人员的薪酬水平。

政府设立专门机构面临技术支撑不足、审批流程重复、协调工作难等问题。审批流程中变更审核和结算审批耗时过长，降低了工作效率；各项目监管部门目标不一致，增加了协调的难度和复杂性。可通过灵活运用外部资源，如聘请外部技术专家或聘用全过程工程咨询单位、代建管理单位等，解决人员不足、管理技术能力不足等问题。

政府设立专门机构在制度上需要进一步完善，明确规定其权责范围，避免因权责不明确而影响项目实施。

例如，广东省集中建设管理机构的正式编制仅有46人（2024年），实际工作中通过劳务派遣的方式额外聘请了130名编外技术人才来应对人员不足问题。但由于经费紧张，各部门工作人员不得不身兼多职，工作强度大，责任重。如广东省要求建设项目负责人承担质量与安全终身责任，在项目发生安全事故时，应急管理部门还要求对项目负责人处以罚款，金额相当于其年薪的40%，对于薪酬固定的公职人员而言，负担沉重。

深圳市集中建设管理机构也存在人员编制少、管理压力大的问题。针对大型和复杂项目人员分配紧张的情况，积极采取聘请编外人员或委托市场化代建、全咨等专业管理机构的方式来满足项目需求。

江苏省集中建设管理机构同样提出人员编制不能满足项目需求的问题。

鄂尔多斯市集中建设管理机构指出，政府投资项目的工期要求紧迫，但现状变更审核流程和结算审批流程耗时过长，效率低下。此外，建设项目中各监管部门目标不统一，这进一步增加了协调工作的难度。

四川省集中建设管理机构指出，使用单位的功能需求调整增加了项目的超概风险。

3. 政府投资平台公司的合规性和管理透明度需进一步加强

政府设立平台公司享有更广泛的自主权和政策扶持，其在项目审批、资源配置等方面有更大的便利性，但权力过于集中，容易引发廉政风险和不当利益输送等，亟待加强监管，需要不断完善内部控制系统和外部监督机制来提高项目运作透明度，防止资源浪费和权力滥用。

政府投资平台公司的盈利需求与政府投资工程管理费率过低之间存在矛盾。现状，政府平台公司需要采用其他举措来平衡营收。例如，通过政府给予的其他可盈利业务实现收益，与政府调整公司的考核内容和考核指标，出台灵活的项目管理费率提升项目管理收益，积极拓展可盈利业务等。此外，政府投资工程还有因项目审批证件不齐而导致的结算延迟问题，是影响平台公司完成年度经营指标的一大障碍。加强合规性，保证各类证件按项目进度及时取得是确保按时结算的保障。

雄安、北京、重庆等地的政府投资平台公司均存在政府投资项目的非盈利属性与企业利润要求不匹配的问题，实务中需要通过项目投资、资本运作、开拓其他高利润业务等来满足平台公司的正常运营。

上海的政府投资平台公司在政府投资项目管理费无法覆盖管理成本支出时，为实现年度考核目标，通常在项目批复阶段要求对考核内容和考核指标进行调整。同时，积极协调政府有关部门，提高合规性，规避先开工后补证问题，确保按时结算。

4.市场化代建单位的权责应进一步夯实

实务中，市场化代建单位面临合同约定的业务和权限在现行建设管理制度中无法落实的问题。且代建合同中的责任约定，因与现行规定相抵触，特别是行政责任，在实务中难以落实。具体问题有：一是代建单位的建设单位主体地位在报批报建环节不被认可，导致代建单位在报批报建工作中无法充分发挥主观能动性，影响了项目进度；二是代建单位的行政责任主体不被认可，无法承担质量安全责任事故的责任，导致追责困难；三是代建单位不能及时掌握项目信息，导致决策滞后而引发的时间、金钱上的损失。此外，市场化代建还存在企业对项目盈利的需求与过低的代建管理费率之间的矛盾，低利润导致代建单位难以配置高水平管理人员，存在派遣人员不稳定等问题。针对代建费与投资额挂钩的情况，部分代建单位还通过做大投资额来提升代建管理费，影响项目投资控制。此外，市场化代建企业不了解政府投资工程管理流程，造成申报缺漏、决策滞后。支持市场化代建，应进一步明确代建单位在项目中的权利与责任边界，并与我国建设管理制度、相关法律法规相协调，保证合同中的责任约定能够切实执行。

2.4.2　代建项目管理

三类建设管理模式在项目管理方面存在的问题有一定的共性，主要表现在过程管理和管理水平持续提升方面，具体表现在以下几个方面。

1.合同有待进一步规范化

代建是市场化行为，代建合同是约束合同双方（或三方）行为的依据。实务中，不签订代建合同或代建合同条款过于宽泛，针对工程变更、成本控制、违约责任等的约定不够清晰，项目实施过程中出现问题和争议不能及时解决，导致项目超工期、超概算以及出现质量问题等，严重影响投资效益和社会效益。工作中应进一步规范合同条款，形成标准化文件，辅以针对不同建筑类型的设计标准、材料设备采购标准、验收标准等，确保合同内容全面、严谨，提高可执行性，降低项目风险，保障政府投资项目的顺利实施。

2.过程管理的精细化程度有待加强

建设工程过程管理是项目管理的核心环节，对保障项目质量、进度和成本至关重要。实务中，部分地区采用市场化代建的情况，发生过度放权给代建单位，而过程管理又过于粗放，导致质量、进度、成本控制不能满足投资要求，影响政府投资效益。此外，对使用单位的需求管理未能制度化，过程中的需求变更给成本控制带来很大困难，加大了项目投资风险。过程管理的精细化程度亟待加强，以促进政府投资工程的建设管理向规范化、标准化迈进。

广东省政府代建局指出省级投资项目在试行市场化代建的过程中，由于过程监管不够细致，导致项目超概和延期问题频发。而在项目发生责任事故后，地方政府行政追责对象为广东省代建局而非市场化代建单位，责任并不随权力的转移而转移，权责不对等给省代建局的工作人员带来很大的压力。深圳市福田区、南山区、光明区工务署采用区工务署项目管理系统管理项目，相较于我国其他地区，精细化管理程度较高，能及时发现并纠正问题，在一定程度上避免了质量、进度和成本上的风险。一些省市的政府投资平台公司通常为大型国企，建立有与房地产开发企业相当的项目管理制度，过程管理的精细化程度较高，极大地降低了项目超概、延期等风险。从各地的实施情况看，建立精细化管理体系势在必行，制定并细化管理流程，编制涵盖设计标准、施工标准、材料设备选型标准、标准合同等的标准化文件，研发数字化管理系统。此外，制定严格的监督机制，落实责任追究制度等措施，确保代建单位在项目执行中严格遵守合同约定，提高管理效率，降低风险。

3.后评价制度应加快建立并完善

我国在政府投资工程推广代建制已有20余年，从各地的实践看，代建制在提高项目管理效率、促进资源优化配置等方面发挥了积极的作用。但现阶段，多地未开展代建项目后评价，未能构建管理闭环，难以给后续项目提供有效的经验借鉴，制约了建设管理品质的提升，影响了代建制的普及和推广。实务中应尽快建立和完善后评价制度，构建管理闭环，通过定期评价项目实施效果、成本控制情况及质量水平等，不断完善和优化代建组织实施模式。

现状，各地政府设立专门机构采用市场化代建的比例逐年减少，在一定程度上反映出市场化代建在推广中存在问题。但由于后评价制度并未建立，问题的归纳总结以及解决办法的提炼不及时，建设管理制度、标准、技术等不能及时完善，制约了市场化代建的推广。另外，通过后评价制度的建立，不断鞭策代建企业持续提高其专业技术能力和责任意识，确保代建项目高效、规范地实施，从而提升项目代建管理水平。

政府投资平台公司作为政府投资工程的代建单位，其综合实力、专业性和操作合规性方面获得普遍认可，实施层面问题相对较少。但从各平台公司对政府投资工程代建的认识为“完成政府交办的任务”的角度看，仍需关注如何在确保工程质量、进度与成本控制的同时，提升其服务质量和效率。而项目后评价制度的缺失，制约了管理水平的持续改善和提升。建立包括后评价制度在内的管理闭环，针对代建管理费过低的问题，结合市场合理设定费率，激发平台公司组织实施政府投资工程的内在动力，构建公开、公平、公正的市场竞争环境，提高管理透明度，降低投诉风险，提高政府投资工程的整体实施效果。

2.5　我国政府投资工程代建发展建议

从国内外发展轨迹看，政府投资工程组织实施模式从政府自行组织管理逐步向专业化、市场化发展。这一趋势表明，政府投资工程组织实施模式的市场化改革是提高效率、优化资源配置的必然选择。

我国政府投资工程组织实施模式的市场化改革，始于20世纪90年代，至今已近30年。自2004年全面推广代建制，各省市相继出台代建管理办法、代建实施相关标准化管理文件，支持当地代建制的实施与推广。在代建制推广过程中，各省市分别采用了不同的代建主体组织实施项目，呈现出多元化特点。例如，北京市、上海市、重庆市、雄安新区采用政府投资平台公司代建；广东省、四川省、江苏省、鄂尔多斯市、深圳市采用政府设立专门机构代建（又称集中建设管理）；厦门市等采用市场化代建。代建制创新了组织实施模式，打破了传统的投资、建设、使用一统的组织实施模式，分离投资、建设、使用职能，确立相关参与部门以及单位的权利、义务，推动政府职能转变，抑制腐败的滋生，遏制政府投资工程发生“三超”问题，为建设节约、高效的政府，提供了新的思路和方法，推动了我国政府投资工程管理的现代化进程。

然而，在我国，代建制相关的制度、法律法规和相关的配套支持还有待进一步完善。当前，这些问题已成为代建制发展的瓶颈。研究典型省市政府投资工程组织实施机构、企业的实践经验，挖掘成功经验并总结共性问题，同时参考国外先进做法，提出建设性建议。随着社会的发展和进步，建设管理企业的技术水平、管理能力将不断提高，政府投资工程建设管理标准、规范也将逐步完善，建设工程代建市场将逐步被完善。未来，政府职能将逐步转制度建设和监管，工程建设管理主要依托成熟的市场机制，通过充分竞争优化服务来提升代建工程质量。政府在完善制度体系的同时，持续加强对代建单位的监管，确保其遵循合同规定，履行相应职责。代建单位则应不断创新组织实施模式，提高项目管理效率，降低综合成本，适应政府投资工程建设水平不断提升的要求。

2.5.1 代建单位管理

1.建立完善的代建单位遴选制度

代建单位遴选除了考察资质、专业技术实力、专业技术/管理人员水平、项目经验、资信水平等一般项目外，建议对以下三个方面重点考察：一是代建单位在项目所在地的综合实力，具体有人员构成及专业能力、参建单位资源、供应商资源和政府资源。二是代建业务板块发展情况，具体考察是否成立专责部门、企业内部是否积极支撑代建业务的发展，可通过代建业务部门人员来源及专业培训情况、代建业务部门主管领导级别等判断企业对代建业务的重视程度。三是代建单位是否熟悉政府投资工程建设管理流程、管理目标，具体包括对相关政策法规的掌握程度、过往政府投资工程代建项目的实施情况和评价等。代建单位的遴选，应注重上述各方面因素的综合评估，以确保代建项目高效推进的同时有效控制风险。

在上述综合评估条件外，选用市场化代建模式时，还可以细化针对不同项目类型代建单位遴选条件。如对大型、综合性开发项目，建议优先选用房地产开发类企业；对基础设施建设项目，建议优先选用拥有丰富基础设施建设经验或大型基础设施项目操盘经验的代建单位，重点考察企业的资源整合能力、工程项目管理能力和项目综合交付能力。

2.明确代建单位权责

实施代建制的主要目的是提升政府投资项目在建设管理方面的专业水平及投资效益。这一目标的实现，依赖于对代建单位充分授权，使其能够履行项目管理的职责。至于具体的权力与责任分配，应当根据不同的代建主体进行差异化处理。学习金地、旭辉等代建企业的经验，编制权责划分清单，细化权责界限，让代建单位在享有权力的同时，也能承担相应的责任。代建项目管理的放权应当控制在建设单位能整体把控项目的基础上，对项目实施全过程监管，确保各阶段工作的专业性和效率性。

政府成立专门机构，作为非盈利性质的代建主体，负责项目从立项后到交付的全过程管理，并承担相应责任。政府将重点监管项目完成情况，并监督和控制腐败事件的发生。政府投资平台公司以地方国企的身份参与政府投资工程代建，在投融资、项目运营以及物业管理方面拥有内部资源，应对也更加灵活。借鉴新加坡模式，委托管理内容可以依据项目需要，延伸至前端的项目立项、融资，以及后端的项目运营和物业管理，并通过代建合同明确代建单位的权责范围。政府对项目重要节点，如立项、资金拨付、方案设计、交付等进行监管，确保项目按计划实施和运营。市场化代建单位通过招投标选定，委托权限可依据项目需求灵活设定，可以是仅针对设计施工阶段的，也可以是涵盖从立项到交付全过程的，或开发全过程，委托内容和权责通过代建合同进行明确，并确保代建合同中规定的责任范围与委托权力相匹配且可以切实落实到市场化代建单位，避免出现权力过大而责任无法追溯的问题。市场化代建的情况，建议政府加强项目过程管理，细化监管节点，以便出现问题及时应对，避免因问题处理延迟而带来的成本增加和工期延迟等问题。

关于具体的权限配置，现阶段建议借鉴各省市成功案例，确保对工程质量、工期及成本产生显著影响的招标、定标权以及支付审批权由建设单位或使用单位掌握。建设单位或使用单位应保有对项目各阶段成果的审核权，以便于对项目实施过程进行实时监控。此外，为了更有效地控制成本，建议将造价咨询单位的招标权与管理权置于建设单位或集中建设管理单位的掌控之下，从而加强项目投资的管理。

在实际操作中，应当依据政策导向持续明确代建单位的责任范畴与权利界限，确保其在项目执行过程中能够有效地履行管理职责，并防止超越职权的行为。在签订代建合同的情形下，通过不断深化代建合同的条款内容，明确代建单位在项目各个阶段的详细职责与权限，以确保代建单位在合同规定的框架内高效地运作。

3. 完善代建单位管理机制

为了提升代建单位的专业管理能力和风险防控能力，应加强代建单位内部管理机制的建设。具体包括：建立完善的内部培训体系，提升员工的专业技能和管理水平；引入数字化项目管理工具和方法，提高项目管理效率；建立健全风险管理体系，识别和防范项目实施过程中的各类风险，提高管理水平。

政策层面，加大对代建单位的政策支持和引导，建议出台细化的代建管理制度、管理标准和代建费取费标准，为代建单位承接政府投资工程保驾护航。同时，积极构建代建单位信用评价体系，实施对代建单位的动态评估与监管，并优化代建单位的选择机制。

市场层面，积极组织编制代建项目管理标准和规范，明确管理流程，提高代建项目管理水平。同时，致力于加强代建市场的培育与规范，推动代建行业的健康发展，并增强代建单位的市场竞争力。

在机构（企业）层面，鼓励代建单位开展技术创新与管理创新，以增强其核心竞争力和服务品质，满足政府投资工程建设水平日益提高的需求。针对政府设立专门机构在人员编制方面的限制，建议放宽对市场专业服务机构的使用限制，以解决专业管理人员短缺及能力不足的问题。针对政府投资平台公司对企业盈利的需求，建议在制度上制定合理的代建管理费取费标准，并在项目实施方面积极推行多项目集中采购、优化材料设备选型及工艺工法等措施，以降低工程成本；同时，运用数字化集中管理平台，通过远程服务提升管理效率，控制项目管理成本，增强项目收益能力。针对市场化代建单位因身份地位尴尬而受限的管理能力发挥，建议通过地方立法明确代建单位的权责，细化权责界限，确保责任明确到人，规范管理，以最大化地发挥市场化代建单位的专业管理能力。

通过多方面的努力，共同推动代建单位管理机制的不断完善和优化，为政府投资工程的顺利实施提供有力保障。

2.5.2 代建项目管理

1.规范代建合同

三类主体中政府投资平台公司和市场化代建单位的代建是市场行为，受合同约束。规范化合同内容，可以有效约束双方行为，明确权利义务，减少争议和纠纷。首先，代建合同应详细规定代建单位的职责范围、工作内容、服务标准等，确保代建单位能够清晰了解项目需求和目标。同时，合同还应明确建设单位或使用单位的权利和责任，包括对代建单位的监督、管理、支付等事项，确保双方在项目执行过程中的权益得到保障。其次，代建合同应规定合理的代建费用标准和支付方式，确保代建单位能够获得应有的报酬，同时避免费用超支或拖欠等问题。此外，合同还应明确违约责任和解决争议的方式，以便在出现问题时能够及时、有效地解决。在签订代建合同时，双方应充分沟通、协商，确保合同条款合理、明确，具有可操作性和可执行性。同时，建议采用标准化的代建合同模板，以减少合同制定过程中的不确定性和风险。

关于代建合同模板，建议借鉴日本、美国、新加坡以及我国先进省市的做法。合同模板中除了包含常规的代建工作内容、双方权责、违约责任及处罚措施等条款外，还应明确代建单位参与项目的时间节点、参与各方的权责边界等，以避免代建单位产生不必要的投入。此外，建议针对各类政府投资工程，制定相应的建设标准、设计标准、设备设施招标采购标准以及重要节点工艺要求，并将其作为合同附件，明确项目建设各阶段的工作内容和要点，规范管理。

关于合同的签订形式，鉴于在各省市的实践中，使用委托方和代建方的两方合同，更有利于对项目的整体把控。对于采用委托方、代建方以及集中建设管理机构的三方合同的情形，合同文本中必须明确界定三方的工作边界和协同合作机制。

在合同管理领域，建议采用数字化管理平台以实现信息共享，提升信息的时效性和透明度，从而避免因信息不对称导致的决策失误。同时，应加强对代建单位合同执行能力的评估，确保其依照合同条款履行相应职责，以防止监管上的空白。

2. 加强精细化管理

（1）进一步完善标准化管理文件。

标准化建设乃提升核心竞争力、彰显创新驱动力、引领企事业单位持续转型升级之关键支撑。构建以导则性文件为主导，标准化文件为依托，标准应用机制为保障的标准化管理体系，实为推动精细化管理之重要策略。管理体系应全面覆盖规划设计、招标采购、合同管理、工程管理、成本与投资管理、交付与信息管理等工程建设全周期；标准化文件应包含设计技术文件、设计管理文件、招标采购管理文件、合同范本、施工管理文件、质量安全管理文件、材料构件检测检验文件、验收及信息化管理文件、项目后评价相关标准文件以及运营维护手册等，确保每一环节皆有明确的标准与流程可循，从而提升管理的科学化水平与规范化程度。此外，应定期对标准化管理文件进行审查与更新，以确保其与行业发展保持同步，满足新形势下项目管理之需求。

为促进精细化管理能力的进一步提升，建议针对不同性质的项目，如医疗建筑、教育建筑等，制定专门的管理标准和材料设备采购标准等，以细化管理内容和流程。强化管理细节的实施性和指导性，将有助于显著提高政府投资工程建设的质量和效率。

（2）制定项目决策流程图。

房地产类市场化代建单位基本都制定有详尽的项目决策流程图，明确各阶段、各环节的决策主体、决策依据、决策内容和决策程序，以确保项目决策的科学性、合理性和高效性。借鉴房地产类市场化代建单位的成功经验，建议编制项目决策流程图，流程图应涵盖项目立项、可行性研究、设计、招标采购、施工管理、竣工验收及交付使用等全过程，考察要点包括项目用地情况、投资总额、资金需求、项目重要性、项目性质、规模、复杂程度、项目风险和工期九大因素，以辅助代建单位做出科学合理的决策，确保各阶段决策能够有效响应项目需求，提升项目管理水平。同时，流程图应具有灵活性和可调整性，以适应项目实际执行过程中可能出现的变化和不确定性。通过制定项目决策流程图，可以清晰地展现项目决策的逻辑关系和责任分工，有助于各参与方协同合作，共同推动项目的顺利实施。此外，流程图还可以作为项目管理和监管的重要依据，有助于及时发现问题、解决问题，确保项目目标的实现。

（3）编制分工图表。

项目管理分工图表是项目管理中一项至关重要的工具，明确了项目团队内部各成员的具体职责与任务分配。详细的项目管理分工图表，可以确保每个项目参与者都清楚自己的角色定位，理解自己需要完成的工作内容，以及与其他团队成员之间的协作关系。

编制项目管理分工图表首先应对项目进行全面的分析与规划，识别项目各阶段的关键任务和活动。随后，根据任务的性质和要求，将任务逐一分配给具备相应专业能力和经验的团队成员。在此过程中，应充分考虑团队成员的技能特长、工作量均衡以及任务之间的逻辑关系，以确保任务分配的科学性和合理性。

项目管理分工图（见图2–2）应包括项目组织结构图、职责分配矩阵以及工作流程图等组成部分。项目组织结构图清晰地展示了项目团队内部的层级关系和汇报路径，有助于成员了解自己在团队中的位置以及与其他成员的上下级关系。职责分配矩阵则详细列出了各项任务的具体负责人、参与人员以及他们的职责范围，为团队成员提供了明确的工作指南。工作流程图则描述了项目各阶段任务之间的先后顺序和逻辑关系，有助于团队成员理解项目的整体流程和进度安排。

项目管理分工图表应涵盖项目投资决策、勘察设计、实施、质保和运营五个阶段的关键环节，明确各环节的权责分配，区分责任方和辅助方，确保项目团队在各个阶段都能严格按照流程规范执行，减少管理上的盲区和误区。

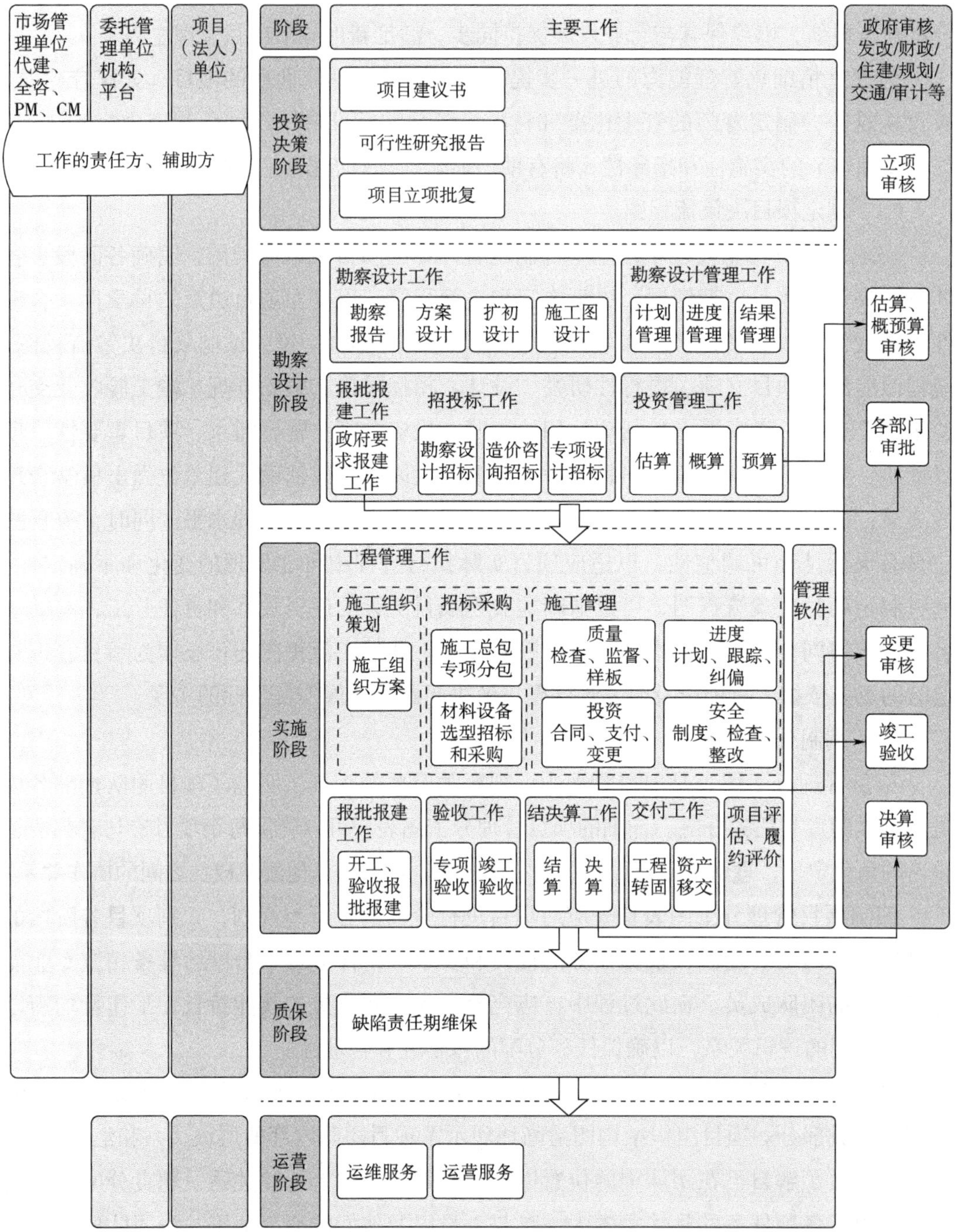

图2-2 项目管理分工图（参考）

编制项目管理分工图表，不仅可以提高项目团队的工作效率和协作能力，还可以有效避免职责不清、任务重叠或遗漏等问题，同时也为项目管理和监督提供了重要的依据，有助于及时发现和解决问题，确保项目的顺利实施和目标的达成。因此，在项目管理实践中，应高度重视编制项目管理分工图表的工作，以确保项目的顺利进行和成功完成。

（4）强化过程人员管理。

代建单位应派遣与项目需求相匹配的人员数量，并确保这些人员具备相应的资质、专业技能及经验。同时，应针对项目实施过程中可能出现的人员变动，制定相应的应对预案，以保障项目能够顺利推进。在人员配置上，代建单位还需注重人员的专业搭配和团队协作。根据项目特点和需求，合理搭配建筑、结构、给排水、电气、暖通等各专业人员，确保项目各阶段的技术和管理需求得到满足。同时，加强团队成员之间的沟通与协作，建立定期会议制度，及时分享项目进展、问题和解决方案，形成高效协同的工作氛围。

在强化过程人员管理的过程中，代建单位还应注重与建设单位或使用单位的沟通与协调。建立有效的沟通渠道和机制，及时了解建设单位或使用单位的需求和意见，共同解决项目实施过程中出现的问题。同时，加强与政府监管部门的沟通与协作，确保项目符合政策法规要求，顺利推进。

此外，应建立科学合理的绩效考核体系，对人员的工作表现进行定期评估和反馈，激励他们积极进取，不断提升工作绩效，确保团队稳定且高效。对于表现优秀的人员，应给予相应的奖励和晋升机会，以激发他们的工作热情和创造力。

综上所述，强化过程人员管理对于代建项目的顺利实施至关重要。代建单位应注重人员配置、专业搭配、团队协作等方面的工作，不断提升项目管理水平和能力，为政府投资工程的顺利实施提供有力保障。

3.推动管理工具科学化

为了实现项目实时跟踪管理，提高管理效率、降低管理成本，建议加快推动数字化管理平台的建设和应用。数字化管理平台应能够集成项目管理、合同管理、成本管理、质量管理、进度管理、人员管理等多个模块，实现数据的实时共享和分析，帮助代建单位更精准地掌握项目动态，及时发现问题并采取措施。数字化管理工具，可以优化管理流程，减少人工操作的错误和遗漏，提高管理的精细化和标准化水平。

鼓励代建单位采用先进的项目管理软件，如Primavera P6、Microsoft Project等，进行项目计划的编制、跟踪和调整。这些软件具备强大的数据处理和图形展示功能，能够帮助代建单位更直观地了解项目进度、资源分配和成本情况，为决策提供科学依据。

此外，推动管理工具的科学化还应注重数据的分析和利用。代建单位应建立完善的项目数据库，收集、整理和分析历史项目数据，挖掘数据背后的规律和趋势，为决策提供支持，为未来的项目管理提供经验和借鉴。建立项目管理数据库，实时更新项目信息，提高管理透明度。对于关键节点，如设计审查、施工监理、验收评定等，要严格执行相关规定，确保项目质量符合国家标准。通过多项目数据分析，可以发现项目管理中存在的问题和不足，为持续改进和优化提供依据。

总之，推动管理工具的科学化是提升代建项目管理水平的重要手段。代建单位应积极采用数字化管理平台、先进的项目管理软件和数据分析方法，提高管理的效率和质量，为政府投资工程的顺利实施提供有力支持。

4.建立健全项目后评价机制

项目后评价是工程项目管理闭环中的重要环节，是提炼和总结项目经验、发现问题和改进措施的关键步骤。通过建立健全项目后评价机制，可以全面评估项目的实施效果，包括项目的质量、进度、成本、安全等方面，以及项目对社会、经济、环境等方面的影响。这一机制有助于及时发现问题和不足，总结经验教训，为今后的项目管理提供有益的参考和借鉴。

在项目后评价过程中，应注重数据的收集和分析。通过收集项目实施过程中的各类数据，包括设计文件、施工记录、质量检测报告等，进行全面的数据分析和比对，可以客观地反映项目的实际情况和存在的问题。同时，应邀请专家、学者和相关利益方参与评价工作，确保评价的公正性和客观性。

此外，项目后评价还应注重成果的转化和应用。将评价结果及时反馈给项目管理团队和相关利益方，帮助他们了解项目的实际效果和存在的问题，从而采取相应的改进措施。同时，将评价成果纳入项目管理知识库，为今后的项目管理提供经验和借鉴，推动项目管理水平的不断提升。

总之，建立健全项目后评价机制对于提升代建项目管理水平具有重要意义。通过全面评估项目的实施效果，发现问题和改进措施，为今后的项目管理提供有益的参考和借鉴，推动政府投资工程的顺利实施和可持续发展。

第 3 章　市场化代建工程实务分析

3.1　市场化代建发展现状和趋势

3.1.1　市场化代建的分类

从我国市场化代建的发展来看，整个行业先后经历了不同阶段的演化，已经形成了不同代建类型并存的状态。课题组依据不同维度，将市场化代建的类别进行如下划分：

1. 按委托方主体维度划分

目前市场上常见的对市场化代建分类是从委托方主体性质出发，这也代表着我国代建行业发展历程，即分为政府委托代建、商业委托代建和资本委托代建三类（表3–1）。

表3–1　市场化代建分类——以委托方主体维度划分

序号	分类	委托方类型	收费模式
1	政府委托代建	政府及国有企事业单位	代建服务费/业主管理费等
2	商业委托代建	拥有土地的开发商、企业、自然人等民间资本	1. 纯服务费 2. 配资代建的情况，“服务费 + 投资收益（如有）”等 3. 股权式代建的情况，“服务费 + 股权收益 + 溢价分成（如有）”等
3	资本委托代建	金融机构	服务费 + 结余分成或利润分成

参考资料：东吴证券，代建行业系列报告一，代建行业的前世今生与星辰大海等。

（1）政府委托代建。

政府委托代建是指政府或行使相关职能的机构对非营利性项目通过市场化招标，政府邀请、指定等方式选择具有技术性、专业性的项目代建管理单位，与政府有关部门合作，对项目建设进行全过程的管理，代建管理单位收取相应的代建服务费或业主管理费。政府委托代建项目具有政治相关性和非营利性，一般包括能源、交通、水利、产业设施、公园绿地、公共建筑和保障性住房等。

（2）商业委托代建。

商业委托代建是由非财政资金委托，以营利为目的，通过市场化招标等方式确定受托方，受托方以品牌输出或管理输出为主要运营模式，主持实施项目的客研定位、规划设计、建设营造与营销去化并收取代建管理费或服务费的代建模式。其委托方早期多为拿地后开发能力较弱或无力开发的中小型房企，近年，城投公司拿地较多，为缓解开发压力、提高开发品质和投资效益，开始委托品牌房产实施项目代建。当前，商业委托代建项目中占比最多的是商品房开发项目，此外还有企业自持商办项目、商业项目、旅游地产项目、产业地产项目等。

商业委托代建根据收费模式与代建方是否出资入股进一步划分为纯服务费代建、配资代建与股权式代建。

①纯服务费代建。

指代建方与已经取得标的地块土地所有权证的委托方合作，由委托方承担全部或部分资金，代建方无任何股权投入，根据双方签订的代建委托协议中的契约关系行使项目操盘权，承担工程营造和销售任务，通过管理和品牌输出，为委托方提供项目开发全过程管理与服务，并依据工程总概算、项目销售或利润总额按照一定比例收取服务费的代建模式。在项目代建运作过程中，委托方负责筹措项目开发所需全部资金，拥有项目开发中的投资决策权、监督权、建议权和知情权，享有项目的投资收益，承担项目投资风险。代建方主要负责项目管理团队组建、规划设计管理、工程营造管理、成本管理、营销管理、竣工交付等开发环节的全过程管理，根据与委托方的合同约定，在项目中拥有一定的决策权。

②配资代建。

是指代建方除了提供代建业务外，代建企业还协助委托方获得资本支持的模式。配资代建的代建企业不直接入股，而是以短期项目借款形式介入或通过自身资源协助委托方完成金融机构的对接，对代建企业的资源协调能力、信用要求及风险隔离能力要求较高。采用该模式通常是面临一定的开发资金短缺的项目，代建企业在看好项目发展前景的基础上，引荐与自身战略合作关系的金融资本，为其增信，降低项目融资成本，参与到项目开发中。项目主体与金融资本之间是类似于投资与被投资的关系，金融资本从中收取更多的投资收益，代建单位负责项目开发和管控。

③股权式代建。

又称为小股操盘模式，是指代建企业在合作项目中只占有较少比例的股权，但根据委托方与代建方的相关委托协议，项目仍然由持小股的团队操盘，代建企业收取代建服务费、享受股权收益及溢价分成。代建企业通过在项目中持股，一方面可以加强合作中的信任关系，另一方面可以通过持“小股”获取除代建管理费外的股权收益。股权式代建在国外也较为常见，持股比例受双方品牌实力、风险评估、服务模式等方面的影响，并没有固定的比例，通常不超过30%，目前实践中代建方股权占比基本在10%左右。

（3）资本委托代建。

资本委托代建是指信托公司、保险公司等各类具备房地产投资能力的金融机构出资，委托代建方参与从项目研判、土地获取到房产开发的全过程服务，为委托方实现安全、高效的投资收益，并收取相应的服务费或结余分成的商业委托代建模式。现阶段资本委托代建多为金融投资机构投资的经营性房产和纾困项目。

资本委托代建是由商业委托代建演变的产物，核心在于金融机构具有从财富端募集资金的优势，但是缺乏操盘经验或是没有操盘团队，在投资地产项目或接盘不良资产时则需要专业的项目研判、房地产开发及去化的全过程服务。金融资本作为项目投资方或投资方一员，出资购入土地等要素，成为代建委托主体之一，对代建项目拥有全部或部分股权。项目委托由代建方进行建设管理，收入模式与商业委托代建类似。由于金融机构的土地（项目）来源通常较为复杂，对于代建方的风险隔离能力与定制化服务能力要求较高，目前涉足该类代建的代建企业相对较少。

可见，资本委托代建与商业委托代建的主要区别在于商业委托代建的委托方是拥有土地使用权证的企业，而资本委托代建委托方是金融机构、财团等的资本方，资本委托代建业务链向前延伸至土地使用权获取阶段。因此也有把资本委托代建归入商业委托代建，分政府委托代建和商业委托代建两类的分类方式。

2. 按企业维度划分

企业维度从业务开展区域、企业性质、企业能级三个方面进行分类，如表3-2所示。按业务开展区域可分为区域发展型代建企业和全国发展型代建企业两类；按企业性质可分为国资控股代建企业和非国资控股代建企业两类；按企业能级可分为全面发展型代建企业和专业化发展型代建企业两类。目前开展代建业务的企业均能从这三个类别中找到对应。

表3-2　市场化代建分类——以企业维度划分

类别	序号	分类
业务开展区域	1	区域发展型代建企业
	2	全国发展型代建企业
企业性质	1	国资控股代建企业
	2	非国资控股代建企业
企业能级	1	全面发展型代建企业
	2	专业化发展型代建企业

3.按服务维度划分

服务维度是基于项目开发建设的全过程角度出发，分为工程管理代建、建设全过程代建、开发全过程代建和全生命期代建。通常情况下委托方会依据自身能力以及对项目的需求、目标设定等因素选择不同的代建服务内容。各阶段类别具体的服务内容如表3-3所示。

表3-3　市场化代建分类——以服务维度划分

序号	分类	服务内容
1	工程管理代建（A）	规划设计管理、成本管理、招投标管理、报批报建、施工管理、交付管理、质保期管理等
2	建设全过程代建（B）	A+投资决策等
3	开发全过程代建（C）	B+营销代理+品牌管理+融资咨询
4	全生命期代建	C+运营管理

第一类：工程管理代建。即建设实施过程，包括规划设计管理、施工管理、成本管理、招投标管理、报批报建、交付管理、质保期管理等工作。

第二类：建设全过程代建。即工程管理代建+投资决策，其中，投资决策阶段包括投资决策咨询、可行性研究、风险评估、前期策划、项目定位等，个别政府项目还有征地拆迁问题。

第三类：开发全过程代建。即建设全过程代建+营销代理+品牌管理（如有）+融资咨询（如有），其中，营销管理包括销售或招商方案的策划和销售或招商的实施。

第四类：全生命期代建。即开发全过程代建+运营管理。其中，运营阶段的工作包括设施、资产管理和物业管理等。

4.按项目维度划分

项目维度是基于项目本身的属性出发，按项目类型可大分为城市基础设施项目、房屋建筑项目等，如表3-4所示。其中，城市基础设施项目多为政府工程；房屋建筑可分为政府工程（保障房、政府办公楼、城市更新、产业园区等）、房地产开发项目等。

表3-4　市场化代建分类——以项目维度划分

序号	分类	工程种类
1	城市基础设施项目	道路桥梁、市政公用设施、环境景观等

续表3-4

序号	分类	工程种类
2	房屋建筑项目	1.保障房 2.政府投资的公共建筑（政府办公楼、医院、文化、教育、展览等） 3.城市更新、产业园区
		1.商品住宅 2.公共建筑（办公、商业、综合体等） 3.养老、旅游等各类产业地产项目

5.按取费维度划分

取费维度是依据现阶段代建服务费取费方式不同分类，分为依据政府相关政策规定取费和依据代建合同约定取费两类。为简化描述便于理解，本报告中分别称为“A类代建”和“B类代建”，如表3-5所示。

表3-5　市场化代建分类——以取费维度划分

序号	分类	类型	投资主体	建设（承接）主体	取费方式
1	A类代建	公共建筑、保障性住房、既有建筑改造、城市更新等	财政投资	国资控股企业、民营企业	504号文或地方收费标准
2	B类代建	住宅、保障性住房、公建、园林绿化、道路桥梁等基础设施	国有投资	国资控股企业、民营企业	
		自持物业、商品住宅、金融投资机构经营性房产项目、纾困项目等	民间投资	国资控股企业、民营企业	合同约定

A类代建：对于政府投资项目，收费标准上，现阶段几乎所有地区均执行财政部504号文中给出的取费标准，部分地区执行出台的地区性取费政策。

此类项目由政府或行使相关职能的机构通过邀请招标、议标、市场化招标等方式选择具有技术性、专业性的项目代建单位，与政府有关部门合作，对项目进行建设全过程管理。政府虽不直接参与项目的实施，但具有政治相关性和非营利性，属于服务于公共属性项目。项目类型包括博物馆、体育馆、城市广场绿地、城市道路、学校、医院、产业园等政府投资公共建筑和依据504号文取费的政府投资保障性住房、既有建筑改造、城中村改造升级项目等。

在盈利模式方面，由于504号文规定的费率较低，单项目几乎无法取得盈利，对于国资控股企业，主要以完成政府交办任务为目的，与政府建立良好合作关系，或实现其他项目溢价，在内部考核时则会考虑年底考核利润补贴或降低考核指标等；对于非国资控股企业，更多会综合考虑项目的非直接价值贡献，如实现其他项目溢价等。

B类代建：对于民间资本投资项目和不按504号文和地方收费标准取费的政府投资建设工程，代建服务费通常是通过协商或招投标等市场规则确定，并通过合同约定。项目类型包括政府投资的住宅、公建、园林绿化、道路桥梁等，政府回购、平方米单价发包、代建与总承包联合体承接的保障性住房项目，民间资本投资的企业自持物业、商品住宅项目、纾困项目等。

民间资本投资的商业委托代建早期为拿地后开发能力较弱或无力开发的中小型房企，近年，城投公司拿地较多，为缓解开发压力、提高开发品质和投资效益，开始委托品牌房产实施项目代建。此外，由信托公司、保险公司等各类具备房地产投资能力的金融机构出资，委托代建方参与从项目研判、土地获取到房产开发的全过程服务的资本委托代建也属于B类代建。

3.1.2 发展现状

1. 发展历程

自20世纪90年代以来，随着政府投资建设工程组织实施模式的市场化改革和房地产市场的发展，市场化代建随之产生并得到快速发展，服务模式呈现多样化。我国市场化代建的发展大致可划分为萌芽期、多元化探索期、快速发展期和市场分化期四个阶段，如图3-1所示。

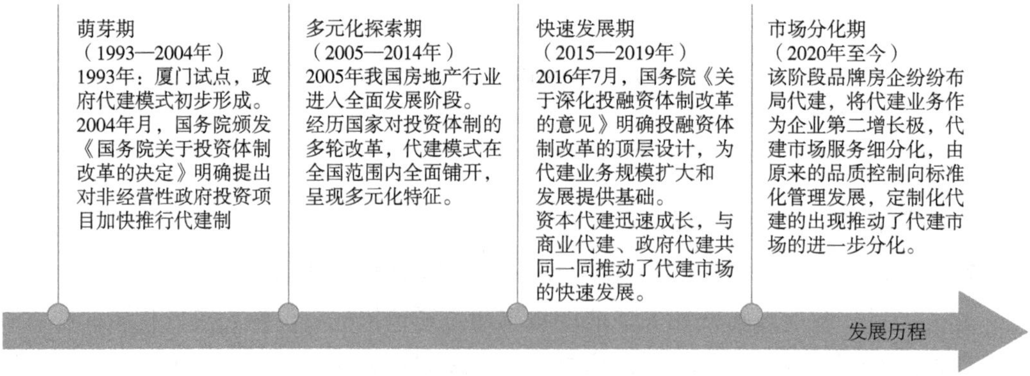

图3-1　市场化代建发展历程示意图

第一阶段：萌芽期（1993—2004年）。

中华人民共和国成立以来，我国政府投资项目采用“财政投资、政府管理”的单一模式，“投资、建设、管理、使用”四位一体，建设单位既是运动员又是裁判员，导致“三超（超概算、超标准、超工期）”现象严重。另外，权力寻租导致的腐败问题频发，改革政府投资项目实施模式势在必行。1992年邓小平南巡讲话，开启了政府投资项目市场化改革，各地开始积极探索政府投资项目实施模式。

厦门市1993年首次通过招标或直接委托等方式将政府投资项目委托给专业项目管理单位实施建设，并于2001年提出重点工程项目全面实施项目代建制的要求。代建模式成为与深圳集中建设模式、上海地方国有投资公司模式并列的代表性政府投资项目实施模式，政府委托市场化代建模式初步形成。

1998年房改后，陆续出现非财政资金的市场化代建委托等，商业委托代建和资本委托代建逐成型，代建业务由单一的建筑环节向全产业链拓展，代建主体由建筑公司向房地产开发公司转变，专业化与综合化并存发展。2002年国家开始组织对“政府投资项目管理方式改革”进行课题研究，北京、贵州、重庆开始就一些项目进行代建制建设试点。

2004年7月，国务院颁发《国务院关于投资体制改革的决定》（国发〔2004〕20号）明确提出：“对非经营性政府投资项目加快推行代建制，以官方文件明确提出了代建组织实施模式；同年，财政部颁布了《关于切实加强政府投资项目代建制财政财务管理有关问题的指导意见》（财建〔2004〕300号），对代建资金的拨付和监督检查、代建管理费的开支标准和核算办法等做了原则性规定。文件的出台推动代建制开始在全国由点及面铺开发展，各地依据地方资源和项目特点，先后出台了相应的实施措施等，形成了很多具有地方特色的政府委托代建制组织实施模式。

可见，该阶段以政府投资建设工程代建为主，各地方政府开展代建试点，尝试推广市场化代建。同期，伴随着房改的推进，民间资本投资的商业委托代建开始出现。

第二阶段：多元化探索期（2005—2014年）。

2005年我国房地产行业进入了全面发展阶段，房企开始扩张之路，龙头房企和品牌房企显现，品牌溢价逐渐获得市场认可。在市场需求和品牌房企双重压力下，中小企业开发难度提升，部分拥有资金或土地资源的中小房企，为获得更好的项目收益、加快资金周转、规避在项目设计、开发、销售等方面能力不足的问题，开始委托具有影响力的房地产品牌企业代为开发，以确保项目品质、溢价能力和盈利水平。

2007年1月，建设部等五部委联合发布《关于加强大型公共建筑工程建设管理的若干意见》（建质〔2007〕1号），强调对非经营性政府投资项目加快推行“代建制”。随着委托代建市场的扩张，万科、绿城等品牌房企开始尝试开展代建业务。例如，绿城于2010年9月构建了“土地资源委托代建”“投资资本委托代建”和“政府安置房委托代建”三大代建业务模式，并于同年10月，正式签署商业委托代建项目——绿城杭州翡翠湾项目委托管理协议，开启了房企对商业委托代建模式的探索和实践，此后，资本委托代建、小股操盘代建也陆续出现。

2014年1月国务院发布107号文，提出要“加强管控银行理财、信托、融资担保等有影子银行特征的业务”，严格限制这些业务的杠杆规模，进一步压缩房地产市场的流动性。

2014年2月至2015年3月房地产销售面积持续负增长，房地产行业经历了14个月的下行周期。此时，低投入低风险的轻资产管理类代建业务迎来第一次大的发展机遇。绿城管理控股在2014年，来自中小开发商的商业委托代建订单量爆发，通过为中小开发商提供从产品策划、建设管理到销售的全流程服务，实现产品溢价，提高项目盈利率，从而获得代建管理费和溢价奖励等，代建业务平均净利润超过20%。高利润低风险的市场化代建引来更多房企的关注，主流房企纷纷开始尝试开展市场化代建业务。

可见，该阶段经历国家对投资体制的多轮改革，代建模式在政策上受到鼓励并在全国范围内全面铺开。受房地产行业高速发展的影响，商业委托代建逐渐成为市场主流，代建服务模式从单一的建设工程管理发展为建设工程管理、销售管理、运营管理、金融服务等多形式复合模式，呈现多元化特征。

第三阶段：快速发展期（2015—2019年）。

2016年7月，国务院《关于深化投融资体制改革的意见》（中发〔2016〕18号）明确投融资体制改革的顶层设计，为代建业务规模扩大和发展提供基础，资本委托代建逐渐兴起，代建市场得到进一步扩张。另外，得益于我国城镇化率的不断攀升及地产投资额的上涨，以市场化房企为参与主体的商业委托代建蓬勃发展。该阶段商业委托代建、资本委托代建等模式得到快速发展，资本委托代建与代建上下游衍生模式也应运而生。众多头部房企开始陆续探索代建行业，积极布局代建业务。

2017年3月开始，我国房地产史上调控最为严厉政策蔓延全国，调控政策密集出台，规范房地产市场管理，建立房地产长效机制成为政策核心。在调控政策持续作用下，国内大中城市房地产市场成交量普遍下滑。重重压力下，众多房企陆续开始探索代建业务，厦门建发集团、金地集团、当代置业、蓝光发展、招商蛇口等房企积极布局代建业务，寻求以代建业务为核心的企业第二增长曲线。

2019年5月，国务院发布《政府投资条例》（国令第712号）从投资决策、年度计划、项目实施、监督管理四个角度对政府投资行为进行了严格规范。同年12月19日住房城乡建设部发布《关于进一步加强房屋建筑和市政基础设施工程招标投标监管的指导意见》（建市规〔2019〕11号）提出：“政府投资工程鼓励集中建设管理方式。实施相对集中专业化管理，采用组建集中建设机构或竞争选择企业实行代建的模式，严格控制工程项目投资，科学确定并严格执行合理的工程建设周期，保障工程质量安全，竣工验收后移交使用单位，提高政府投资工程的专业化管理水平。”进一步明确了政府投资项目竞争性选择代建模式的基本方向。

可见，该阶段资本委托代建迅速成长，与商业委托代建、政府委托代建共同推动了代建市场的快速发展。

第四阶段：市场分化期（2020年至今）。

2020年出台“三条红线”政策，对房企融资起到限制作用。至此，房地产行业的高周转时代成为过去，企业需要降低杠杆、放缓扩张规模，而融资渠道收紧也使得房企大多被迫减少拿地与前期投入。开发用地的减少，凸显出房企开发人员过剩的问题，不少房企为了留住优秀人才，纷纷选择转向代建轻资产业务。将代建作为传统开发业务在投资去化乏力环境下的轻资产补充，以优化其现金流回款与报表业绩，且将其多余的开发能力进行利用，规避系统性风险的同时培育代建业务，发展开发业务“第二增长曲线”。从布局时间来看，60%的企业从2015年以后开始布局代建业务，30%的企业是2020年后开始布局的。2020年后入局者多为民企，如旭辉控股集团、龙湖集团、阳光城、华夏幸福、正商集团、世茂集团、新城控股、中梁控股等。民企入局主要是因为其重资产拿地能力在2020年明显被削弱，因此寻求在代建上有所发展。另外，大多数房地产企业的业务重点仍是地产开发主业，相较于主业，其代建业务营收贡献较小。

地产企业通常基于自身优势布局代建业务，并向项目开发前端和服务后端扩展代建业务链，通过提供研发设计与品牌输出，赋能开发项目，提升项目溢价与去化能力，获取更大的利润空间；通过提供细分的差异化服务来获取委托方的认可。例如，龙湖龙智造通过其五大业务飞轮构建完整的战略生态，为客户提供定位策划、虚拟建造、开发管理、城市更新、数字孪生等五大产品服务模块，实现全业态、全周期、数字科技赋能的代建服务；绿城管理依托其在浙江省的地缘优势，提供保障性住房的代建服务等。

综上，该阶段品牌房企纷纷布局代建，将代建业务作为企业第二增长极，激烈的市场竞争带来代建市场服务的细分化，代建市场也由原来的品质控制向标准化管理发展，定制化柔性代建的出现推动了代建市场的进一步分化。

2. 市场动态

（1）市场特征。

房地产代建行业的轻资产运作模式和盈利模式，造就了其“净利率水平高”“财务杠杆低”“现金转化率高”三大特征。

①净利率水平高。

2022年房地产行业代建总收入为168.1亿元，根据中指研究院预测，2025年行业收入有望达到317亿元，2022—2025年复合增长率达到20%以上。房地产行业代建收入变迁如图3-2所示。

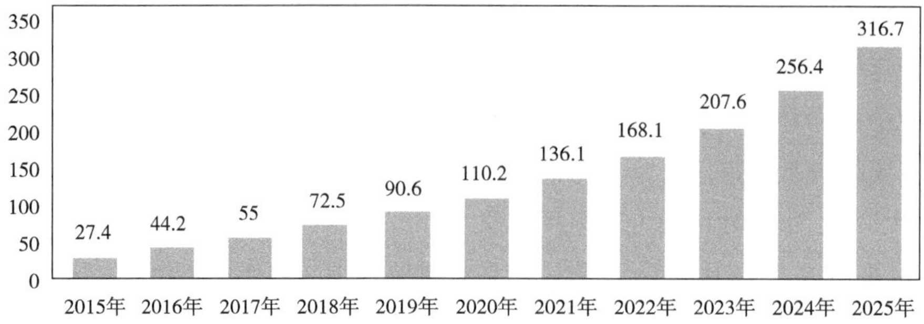

图3-2　房地产行业代建收入变迁（亿元）

（资料来源：中指研究院天风证券研究所+观研报告网，编制组整理）

代建领域除收入持续增加外，净利率水平也是高于传统房地产。2017年以来，代建业务的净利率水平始终维持在25%左右，高于重资产的房地产开发业务约10%，也高于物业服务约15%。根据中指院数据，2015—2023年房地产代建行业的营业收入、净利润快速提升，年复合增速近30%。例如2020年、2021年、2022年、2023年代建行业龙头绿城管理控股毛利率分别为47.8%、46.4%、52.3%、52.2%，净利率分别为24.2%、25.2%、27.7%、29.7%。代建业务利润率高于开发板块，已成为房地产企业利润的有效补充。

从中原建业的年报看，2022年、2023年中原建业归母净利率高达50.02%、50.05%（图3-3）。从整个行业来看，受益于行业规模经济，利润率有可能会进一步提高。

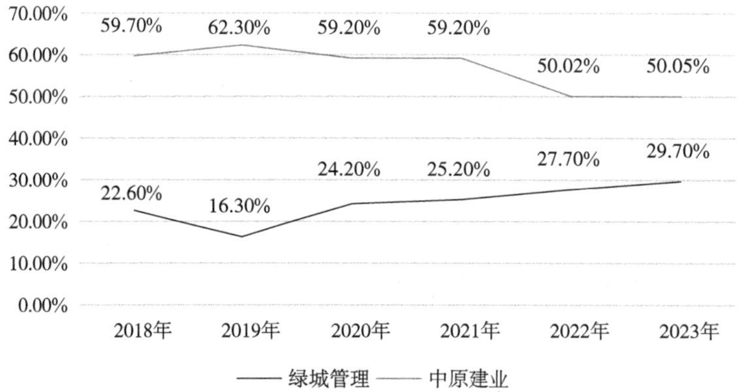

图3-3　中原建业及绿城管理盈利水平（归母净利率[①]）

（资料来源：Wind，公司公告，公司招股书，中金公司研究部，编制组整理）

说明：图中为企业代建业务板块盈利水平，非单一项目指标。

① 归母净利润注释：指的是归属于母公司所有者的净利润，是在企业合并净利润中，归属于母公司股东（所有者）所有的那部分净利润。反映公司治理和经营水平的实质，以及公司利润分配情况。净利率则是指企业在一定期间内所获得的净利润与相应的成本或销售收入之比，反映企业的盈利能力。

②财务杠杆低。

不同于重资产模式下房企，代建业务通常为轻资产运营模式，由于代建公司无需大量资金投入，故公司负债水平较低。优秀的代建公司具备卓越运营和管理能力，对资金的依赖较传统房地产开发业务小。另外，代建费通常按照销售或施工节点支付，公司的财务杠杆相对较低，企业资产负债率低。

③现金转化率高。

传统房地产开发销售行业由于预收款较多且存在现金收支与结算的时间错配，以及各类费用和资金监管，因此经营性现金流净额和净利润不匹配。代建公司经营性现金流与归母净利润几乎相同，现金转化率较高，这也是轻资产业务的重要特征之一。高现金转化率说明公司内部经营情况良好。以绿城管理控股为例，2022年、2023年绿城管理控股归母净利润分别为7.4亿元、9.7亿元，经营活动现金净流量分别为7.2亿元、9.5亿元，二者接近，归母净利润/经营性现金流净额分别为103%、102%。

（2）发展动态。

2016年国家提出“房住不炒”定位后，监管部门持续颁布房地产行业紧缩政策，房地产企业经历了强监管时代。房企融资渠道、销售回款以及盈利空间等方面均受到不同程度的负面影响，再叠加全球疫情以及宏观经济下行的因素，中国房地产企业面临着重大挑战。主要表现在四个方面：一是降低企业杠杆：三道红线降杠杆成为所有房企必须落实的工作，快速去杠杆导致企业现金流苦难凸显，企业杠杆降低，拿地风险增高；二是房地产行业融资限制：开发贷限制、并购贷限制、预售资金监管力度的加大、海外债暂停、信托融资多重管理等房地产行业融资限制政策的出台，提高了开发成本；三是降低消费者杠杆：缩小首套购房者范围、提高首套房贷款利率、放缓按揭贷款审批等政策，导致消费者购房能力下降，商品房去化速度放缓；四是房产税试行：房地产税的不确定性导致消费者对于房地产行业的发展持消极心态，家庭资产配置重组，房产消费动力不足。最新数据显示，2023年百强房企销售整体下行17.3%，房地产行业受政策影响，将持续“融资收缩、拿地收缩、新开工收缩”趋势。

由此，上述政策的出台也使得代建市场出现新的动态：

①地方国企和城投公司成为“新地主”。

2021年三批次以来，城投每批次拿地金额占比均维持在30%以上，而自身开发能力又有限，理论上确实存在代建需求。头部代建企业均承接了大量地方国企和城投公司的代建委托，如绿城管理收缩中小私企委托为主，新拓项目不断向地方国企、城投公司等主体倾斜，2022年和2023年国企及城投类客户占新拓业务总量分别为66%和64.5%；中原建业已与12家政府平台公司签订合作框架；旭辉也将城投类客户作为主要业务拓展方向。国企及城投类代建成为当前主流代建企业的重点发力方向。

②保障房红利带来的“政府委托代建基本盘”。

2022年以来，保租房领域从政策、目标、供给等各方面利好，而“十四五”更是保租房的建设高峰期，2023—2025年每年约新建160万套保障房，这个任务绝大部分被城投公司或国央企所承担，决定了政府委托代建的基本盘不会差。政府委托代建也是当前主流代建企业重视的赛道之一，虽然盈利不多，但可以打基础、树形象且没有销售风险，是稳妥的切入点。

③地产成为“不良资产重灾区”。

“保交楼”仍是房地产市场的主要任务之一,一方面，有地方政府平台和全国性AMC（Asset Management Companies，即资产管理公司）介入风险化解，需要专业的开发咨询和开发管理，如东方资产-仁泽昆明西南海项目引入“龙湖龙智造”；另一方面，有出险房企自救引入品牌代建，如绿城管理与中国奥园落地签署战略合作协议，落地广州奥园云和公馆、西安奥园誉峯、重庆南川奥园公园壹号等项目代建。

3.建设规模

随着代建行业的飞速发展，我国房地产代建市场规模逐年增大。根据中指院报告，2023年全国房地产代建行业的新签合约项目建筑面积为17312万m^2。从2010年至2023年，中国房地产代建行业市场新签约项目规模变迁如图3-4所示。2023年增速显著，根据中指院预测，截至2025年新签约建面有望达到23170万m^2，代建市场规模呈现持续增长态势。

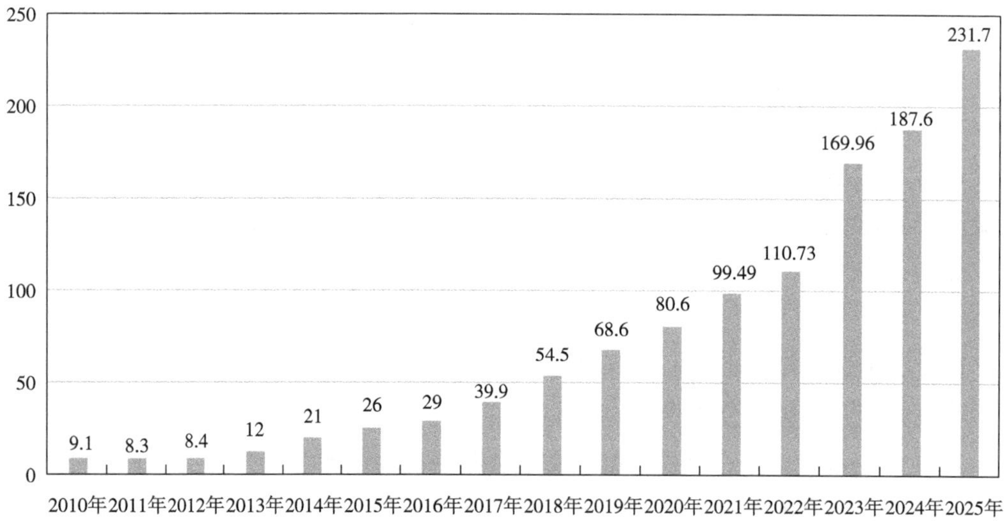

图3-4 房地产行业代建签约规模变迁（百万m^2）

（资料来源：中指研究院天风证券研究所+观研报告网，编制组整理）

2020年至2023年新签约规划建筑面积增速分别为18.4%、18.6%、11.3%、56.3%

（图3-5），2020年至2023年我国房地产行业继续承压，全国商品房销售面积大幅下降，但是代建行业依旧保持高增速，充分展现代建行业抗周期能力良好。

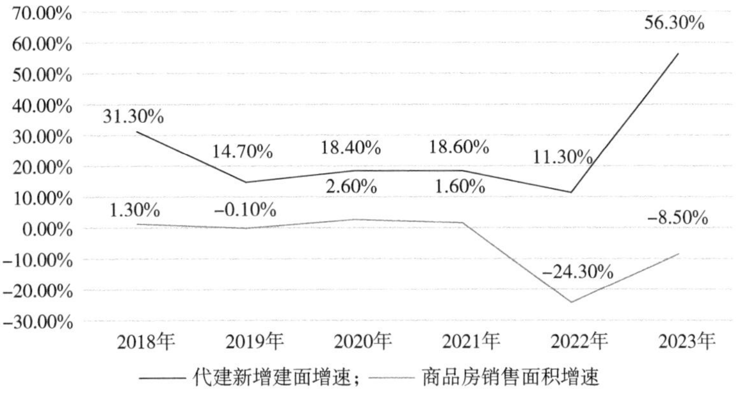

图3-5　2018-2023年代建新签约面积、全国商品房销售面积增速情况

（资料来源：国家统计局，中指数据CREIS，中指研究院综合整理测算，编制组整理）

近两年，地方国资托底拿地激增，在TOP100中占比超八成，2022年合计拿地规划建面1.1亿平方米。截至2023年5月，因其开发能力不足，地方国资项目的入市率相比于央国企的68.3%、混合所有企业的88.2%，仅27.9%，更需要代建来盘活，故未来以地方国资为委托方的代建项目将占据代建市场较大份额。

以当年新增签约代建面积/商品房销售面积作为渗透率来看，2016年我国代建行业渗透率仅为1.8%，2022年也仅提升至8.2%，相较于欧美代建业务20%～30%的渗透率，我国代建行业的渗透率至少还有3倍的增长空间，未来中国房地产市场大概每年有10亿平方米开发量，按照欧美30%代建行业渗透率计算，未来行业成熟期的规模高达3亿平方米，代建市场前景可观。

图3-6　代建行业渗透率

（资料来源：中指研究院、编制组整理）

4.参与主体

根据3.1.2所阐述的代建行业发展历程可以看出，20世纪80年代，最早开始政府投资建设工程改革的时候，由于关注的是立项后到交付的建设管理过程，政策推举施工企业承担代建业务。随着房地产业的发展，房地产代建也应运而生，而且发展势头良好，逐渐占据绝大部分市场份额。咨询类企业中的项目管理公司依托其项目管理方面的优势，2017年前也曾尝试开展代建业务，但因代建企业需履行建设单位义务并承担相应责任，出于风险的考虑，特别是2017年国家开始大力推广全过程咨询后，此类企业逐渐转向提供全过程咨询服务。此外，国家建筑业改革要求设计、监理类企业创新业务，代建业务也成为创新业务模式之一，个别设计、监理企业也开始尝试开展代建业务，但出于开发经验及承担风险能力不足导致并未大规模发展。可见，在当前的行业发展背景下，越来越多的企业开始布局代建，但基于自身的项目经验，参与到代建行业的主体仍然是以房地产企业和以房地产开发为背景的专业代建企业为主。

截至2023年底，已有87家房企布局代建行业，既有深耕多年的绿城管理控股、中原建业、金地管理等，也有龙湖龙智造、旭辉建管等后起之秀；既有全国化的大型房企如华润置地、保利发展等，也有地方型深耕房企，如中原建业等。虽然这其中既往百强房企、50强头部房企进入代建的“普及率”很高，但是大多企业为中小型民企，出发点往往基于保留团队和品牌的考量，短期看很难有大发展。

所以总体来看行业仍然是以龙头企业主导。在2022年收入的基础上，CR5（绿城管理、金地管理、中原建业、华润置地、信达地产）的收入占比超过50%，CR10的收入占比超过70%（CR5、CR10指代建排名前5、前10的公司数据之和）。2023年，代建新签约项目的建筑面积CR5占比达到49.8%，代建行业的市场集中度较高。

头部企业收入占比统计图如图3-7所示。

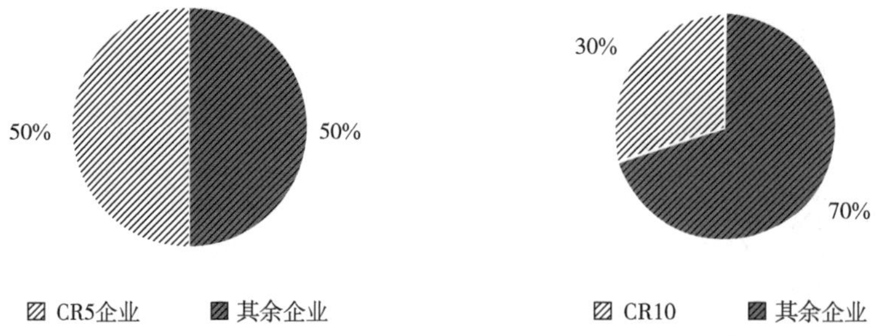

图3-7 头部企业收入占比统计图

龙头的绿城管理控股作为市场占有率第一的代建公司，已经连续8年市场占有率超过20%，代建市场呈现一超多强格局。以2023年为例，绿城管理新拓代建项目合约总建筑面积3528万m^2，合约总建筑面积约1.2亿m^2，排名第一，继续领跑行业。蓝城集团和金地管理新签约面积均超过500万m^2，中原建业、龙湖龙智造均超过300万m^2。绿城管理控股遥遥领先第二梯队的金地管理、中原建业等。就政府委托代建领域来看，随着保障房建设、老旧小区改造不断推进，政府委托代建前景广阔，代建企业也加强了政府委托代建领域的拓展力度。

龙头房企拥有更强的成本、产品、品牌、信任优势。部分地方性中小房企、地方城投公司拥有良好的土地资源，但开发能力、资金实力有限，产品无法产生溢价。在这样的背景下，引入龙头房企进行代建合作就能产生1+1＞2的效果。代建方（品牌房企）从甲方变成了乙方，需要逐步完善由开发商向服务商的转型；委托方（政府或小型房企）可借助代建方的品牌优势获取比自身品牌价值更高的溢价。龙头房企的优势主要表现在以下几个方面：

1）成本优势：规模房企具备较强的资源整合能力，供应链集中采购优势明显，开发周期相对较短，整体项目的周转速度较快，利润空间也相对更加充足；相比之下小型房企采购规模小、开发进程较为缓慢。

2）产品优势：品牌房企在过往开发中积累大量优质产品线、产品细节，可以根据不同项目选择运用；小房企的产品力相对较弱，很难满足购房者对产品越来越高的要求，同时新产品的研发成本很高，相对而言，品牌房企复制自身已有的产品的成本和难度相对都较低。

3）品牌优势：品牌房企相对有更高的影响力和口碑，项目容易获得更高的溢价；小房企则需要耗费更多的宣传费用，相对而言溢价也较少。项目可以使用代建方的品牌，由此产生一定的品牌费用。例如朗诗的品牌费用呈现逐年增长趋势，2020 年委托代建业务收入6.86亿元，其中品牌授权服务收入9572 万元，占比约14%，比 2018 年的3%增长了11%。

4）信任优势：品牌房企信用评级相对较高，更容易和政府达成合作，在购房者间的信任度也更高，此外，代建方可以引荐与自身战略合作关系的金融资本参与到项目开发中，也存在委托方借用代建方授信的情况。

5. 区域分布

市场化代建虽然发展态势良好，但在中国还处于初步发展阶段。也因此，国内不同区域城市对代建、代建模式的认知度、接受度、普及度也大不相同，这也导致代建的发展程度在不同区域分化很大。

以2023年代建各区域分布看，代建项目主要集中在长三角，其次是珠三角。2023年前三季度285个代建项目中，长三角占比过半，达55.4%；其次，珠三角占比18.9%；环渤海和中西部分别为14.4%、11.9%。显然，长三角是代建企业竞争最激烈的地方。比如绿城、蓝城、中天这三家代建企业基本占到70%~80%市场份额。而大部分经济落后省份，市场化代建其实还处于启蒙阶段。但随着代建近年来的火爆，内地代建接受度越来越高。代建热度开始由沿海发达省份向内地渗透，即目前代建市场已经向湖北、湖南、陕西、山东、河北等内地市场延伸，这些市场具有较大的增长潜力和空间。

另外，市场化代建从成熟区域向全国内地渗透时，由于低能级城市楼市销售低迷，而一二线城市代建项目销售流速、投资价值兑现度、产品良品率，委托方满意度等关键经营指标表现都会相对更好，金地、龙湖、旭辉等品牌代建企业聚焦转向一二线城市。2022年金地管理新拓项目一二线城市占比高达84%，而2023年新签约一二线城市对应占比也达80%以上。

房地产天然的区域性特征，导致行业很难出现一家垄断行业的巨无霸代建企业，而是出现几个综合、全能型的全国头部代建企业；同时，一些区域深耕代建企业拥有独特资源和竞争优势，擅长对本地需求挖掘的精耕细作，最终成为区域性代建龙头。因此初创代建企业，虽然委托方来自五湖四海，但从代建企业自身项目取舍偏向看，都优先在既有重资产深耕区域，或者优势区域开展代建深耕，即都在打造各自的战略深耕“根据地”。

6. 实施模式

（1）工作内容。

目前在我国的工程建设项目中，以代建方介入的时间点为标准，由建设单位将代建项目委托给专业的代建方进行建设全过程代建服务（即本书3.1.1市场化代建分类中的依据服务维度划分的第二类）模式较为常见。

政府投资工程的建设全过程代建，是指委托方提出项目建议书，由投资主管部门审批立项后确定代建方，再由代建方全权履行建设单位的职责，负责项目的全过程管理。与此对应的是，也有不少项目实施的是分阶段代建，分阶段代建又可分为投资决策阶段和工程管理代建两种。投资决策阶段一般由委托方自行开展项目前期工作，包括可行性研究、风险评估、前期策划、项目定位等，在项目可行性研究报告完成后，确定代建方，再由代建方负责组织项目的规划设计、施工、监理直至竣工验收交付使用的工程管理代建。

（2）组织方式。

在实际操作时，代建常见的组织模式见图3–8，即建设单位出资并作为委托人，与专业的代建方签订委托代建合同，将代建工程交由代建方，再由代建方代为进行从项目策划到设计施工，再到验收交付的一系列的协助、管理、服务与监督活动。委托方与代建方签订委托代建两方合同（协议）后，通常后续由委托方直接与设计方和施工方等参建单位签订相应的设计、施工等合同，而代建方则不与设计方、施工方等参建单位签订合同。

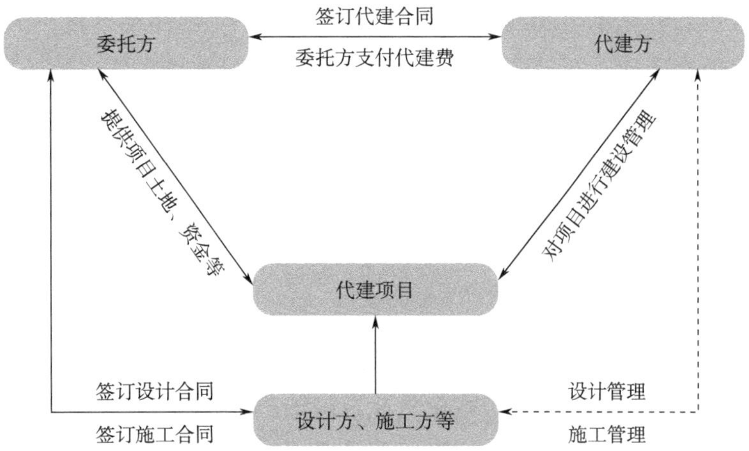

图3-8　常见两方操作模式

上述模式在实践中并不是唯一的，也有一些政府投资工程由委托方通过招投标的方式确定代建方，双方签订委托代建合同后，在委托方要求下，后续的设计、施工等环节由委托方、代建方与设计、施工方一起签订三方合同。在此模式中，代建方在设计、施工中的权力和责任更加明确，且设计方、施工方清晰了解，操作模式更加透明。三方联合操作模式如图3-9所示。

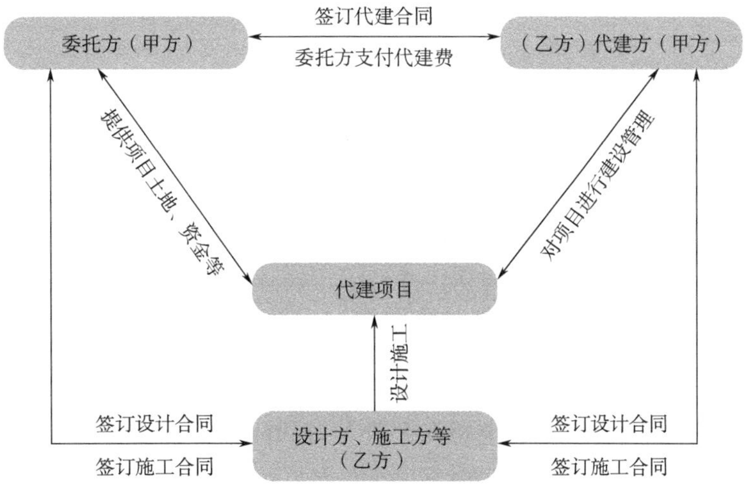

图3-9　三方联合操作模式

3.1.3　发展趋势

代建行业在2015年后进入快速发展期，2020年国家出台“三条红线”政策，对房企融资起到限制作用，房地产行业的高周转时代成为过去，品牌房企纷纷布局代建，将代建业务作为企业第二增长极，激烈的市场竞争带来代建市场服务的细分化，代建行业开始进入市场分化期。2022年和2023年代建行业发展势头迅猛，国家“去杠杆”国策后导致房地产产能重新分配，新的投资主体或项目掌控主体又缺乏操盘能力，最终孕育出暴增的代建需求，短期的高速成长把代建市场从蓝海迅速变为红海。2024年，代建行业进入全新的阶段，编制组通过文献资料与现状调研，尝试总结出未来代建行业发展的十大趋势，以下分行业层面和市场层面两个维度进行阐述。

1.行业层面发展趋势

（1）代建市场需求持续增加。

随着房地产行业下行，纾困型、资本委托代建项目数量明显增加。过去三年，城投持续成为“拿地大户”。2021年城投拿地占房地产总投资31%，2022年更是提升到46%，2023年投资占比回落到39%。但地方城投公司多数都不具备真正专业开发能力，在消费低迷市场背景下土地面临“转手难”“合作开发难”的问题，地方城投为确保开发进度，2022年、2023年陆续推出代建项目。另外，42家百强房企爆雷后，很多项目成为“不良资产”，目前不良项目体量已高达“3亿m^2”，3亿m^2不良项目是“保交楼”政策的重点纾困对象。在“保交楼”政策驱动下，不良项目通常交由地方政府或金融机构主导后续开发，为纾困类、保交楼类项目提供代建服务将成为未来主要的市场增长点。

此外，伴随城市多元化增量发展和巨大存量改造需求，也需要大量商业类、安置类、长租类、文旅类、产业类项目等各类专业代建服务。

（2）竞争加剧，利润趋降。

数据表明，87家开展代建业务的房企中，TOP50房企多达39家，头部房企参与率近80%。代建行业整体规模虽呈上升趋势，但市场竞争日趋激烈，行业利润逐渐下降，已经逐步开启淘汰赛。

在大量企业全面进入代建市场的情况下，低价费率竞争加剧、行业恶性竞争增强，导致解约率提高，代建行业“高解约、高门槛、高风险、低营收”的格局将逐渐显现。未来一个代建招标动辄30家，50家激烈争抢，代建企业实质面临“僧多粥少”的残酷竞争局面。例如2023年5月，成都武侯区人民法院发布《成都天际置业有限责任公司破产重整案委托开发管理机构比选报名公告》，绿管、蓝城、德信、蓝绿双城、领地、旭辉、雅居乐、卓越、朗诗等多达43家房企报名争夺。

市场压力叠加项目经营压力，目前代建行业更需要的是经过市场和代建业务验证的“成熟代建企业和操盘团队”。而新进入者的能力、经验、案例等方面都容易被质疑，建立委托方信任和赢得操盘信心难度非常大，阻碍、抑制更多房企开展代建。

（3）市场集中度提高，行业规范性增强。

高达70%的代建业务集中于TOP10头部房企，代建市场业务的集中度较高。为应对行业规则缺乏、标准缺乏，恶性竞争、无底线竞争等现状问题，头部房企在防风险同时，也在持续加强代建业务标准化和推动行业普及化的动作。

一方面，头部代建企业都建立了完善、成熟的能力体系。另一方面，头部企业为推动行业健康发展，还积极牵头组建社会团体，2023 年底多家头部房企联合中房协成立了中国房地产业协会代建分会，是行业规范化提速的一个起点。代建协会无论是会长单位（绿城管理），还是副会长单位（金地管理等）都是中长期专注代建，行业排名靠前的代建企业，未来代建行业标准、规范和行业自律，势必也会全面提速提质。同时，由绿城管理牵头制定代建行业协会公约及合同示范文本现已正式发布，牵头主编的首个行业团体标准《代建企业综合能力评价》已正式立项。

可见，粗放的初级的代建行业，正在随着头部企业对业务标准，行业规范的推动，通过行业自律，龙头企业持续引领行业正向风向标，推动代建行业走向成熟。

（4）差异化竞争格局出现。

未来几年的代建格局，一方面代建市场进入“阶段性”集中爆发；另一方面，代建格局也将迎来区域分化、强弱分化。代建发展正在打破过去局限性，不断边界突围。

代建企业都在结合国家绿色低碳、智能化等战略，逐步明确发展战略，或持续扩大规模行业影响力，根据企业自身特色探索差异化发展路线，走专业化服务路线，努力形成自身特色。例如朗诗为绿色地产代建，龙湖为数智化智慧营造，旭辉建管提供定制化服务，开元建设的目标为酒店类“非住”代建领导者，金地管理在商办代建领域形成领导者品牌，华润置地已形成“以大型文体场馆”为核心的城市片区统筹开发“代建、代运营”的独特模式，蓝城则以聚焦小镇代建、政府代建为特色，成为行业独特的存在。这些特色本身就意味着差异化竞争优势和背后体系的成熟。

未来代建行业逐渐分化为以综合实力取胜的全国化、全产业链、全能力的代建企业和以专业能力在擅长领域取胜的专业代建企业，将形成头部综合型选手和细分专业类选手并存的格局，实现差异化项目竞争优势。

2. 企业层面趋势

（1）开发力趋同，服务力全方位提升。

代建本质是服务业，服务力才是竞争的关键。更严峻的市场形势，更多样性的委托方诉求，要求代建企业在未来必须全方位提升服务力，更加重视服务意识、服务能力、服务体系建设的提升。

未来，更多房地产代建企业或将制订符合自身特色的代建标准化体系和模型，为加速项目拓展、提升管理效率等提供数字化支持，全方位补齐和提升代建服务力。

（2）优势区域“集中开火”。

区域深耕，本质是一种规模效益，也是一种构建竞争壁垒的商业模式。代建行业区域性愈发明显，区域深耕的代建企业拥有独特资源和竞争优势，擅长对本地需求挖掘的精耕细作，最终成为区域性代建龙头。例如，中原建业，在河南拥有领先的成本控制能力，本地有超200家合作伙伴，重复合作率高达68%左右。

虽然代建企业的委托方来自各地，但从代建企业自身项目取舍偏向看，均优先在既有重资产深耕区域，或者优势区域开展代建深耕，都在打造各自的战略深耕“根据地”。例如金地管理，在全国化拓展中就优先在金地地产深耕的区域率先发力。一方面，金地在该区域城市开展业务长达30年，证明市场具有可持续性。另一方面，在重资产深耕城市，金地具备品牌优势、团队优势、供应商优势和资源优势。滨江地产代建公司滨江管理的最新的布局策略是强调围绕重资产所在的“浙江省内为主，辐射长三角区域”，优先在杭州、湖州、金华等城市拓展业务，从熟悉的城市切入，能够更加精准把握市场，既是对自己负责，也是对委托方负责。

（3）品牌建设愈发重要。

房地产代建本质是品牌输出，品牌作为双方信任的基础，在代建领域尤为重要。头部房企品牌效应明显，市场溢价能力强，相应采购和供应链更加完善，代建行业越来越重视品牌建设。一方面，积极提升代建品牌影响力，确立行业标杆地位，有助于带动代建业务拓展。同时，2021年以来，部分房地产企业陷入流动性危机，在寻求自救的过程中，部分专业领域优势强的企业成立代建公司。此类品牌受损企业，通常会剥离原有主品牌，创立新代建品牌，以降低品牌受损带来的不利影响。另一方面，房地产代建企业需格外重视维护品牌价值，不断夯实自身产品品质，提升项目甄别和风险管控能力，避免代建过程中因内外部因素造成的品牌受损。

（4）核心资源向代建阵营“转移”。

长期来看，代建处于上升通道。其一，代建渗透率增长带来代建行业规模3倍以上增长空间；其二，存量代建业务持续增长，城市更新、旧楼改造、旧小区刷新等带来的增长空间；其三，商办、康养、文旅、企业总部等产业的持续增长带来的新增业务。各大机构预测：代建行业到2025年每年会有23%复合增长，截至2025年，代建市场近2亿m^2。

房地产关联上下游50多个行业，在“地产向下，代建向上”市场背景下，未来地产行业优质、优势的供应链、产业链资源与公司，以及行业优秀人才都会逐步导入轻资产代建阵营。以优质人才为例，2023年龙湖、金茂、招商蛇口、碧桂园等头部重资产房企依旧在组织区域城市公司合并，人才优化，而这个势头预计2024年还将持续；而另一方面轻资产更重视人才，因为人才即是轻资产最大的成本，更是最大的竞争力，所以，2024年势必一大批优秀地产人才会从重资产阵营进入轻资产阵营。

企业营收、净利润难以维持团队的存续和发展。以代建龙头绿城管理2021年在建面积4000万m^2为例，4000万m^2相当于地产十强开发商的规模量级，但年度净利润只有5.6亿，其他中小代建企业营收、净利更低。未来将是优秀代建企业继续稳步增长，缺乏竞争优势的中小代建企业受挫、甚至淘汰出局的市场格局。

（5）控风险＞经营创收＞规模增长。

代建行业竞争激烈，企业越来越强调底线思维、风险思维。控风险大于经营创效大于规模增长，将成为大中型代建企业主流战略导向。例如旭辉建管提出“四不原则”，即“不亏损、不兜底、不包干、不对赌”；中原建业在项目筛选始终坚持“好人好地、实地调查、四个认同”三大原则，去尽量规避签约风险项目。

未来代建企业竞争会相当激烈，企业只有真正为委托方创造更优的效益，才能取得长久发展。面对不同委托方，不同项目业态，企业应重点培养两大核心竞争力。其一，是基于项目开发建设销售的综合价值创造能力；其二，是与委托方建立信任关系的能力。使代建企业真正成为项目“效益”的赋能者、把关者和落地者。

（6）“三多”布局对抗风险。

代建行业发展到现在，如果仅停留在单一业态和单一服务模式上，则无法推动行业高质量发展，未来需要逐步通过多业态、多地域、多类型扩展业务对抗风险，保证盈利水平，实现企业不断发展。

多业态是指不仅仅局限于住宅代建，将业务范围拓展到商业类、安置类、长租类、文旅类等多业态；多地域是指从区域化走向全国化布局，分散风险，更大概率地抓住不同城市上升周期，以图发展。多类型是指业务内容不仅仅是代建，还提供有更多“代建+”服务，比如代建+代运营；代建+代销、代建+资源整合。原因如下：

其一，代建业务模式天然有客户分散性和业务不连续性两大特征，这对代建企业的持续增长提出挑战。只有具备不同业务，不同业态，不同地域的综合代建布局和能力，才能有效面对挑战。另外，基于本书2.3.3的分析也可知，多类型的业务也是市场需求所在。所以金地在2024年代建业态规划中，强调继续夯实“商住、商办、政府委托代建”三大业务基本盘，同时多元业态并进，布局国家科学实验室、老旧小区改造、未来社区、村集体工改工产业园、养老公寓等新业态，全面提升多元化综合竞争力。

其二，多元业态物业代建，实际上也在增强企业的综合能力，即给不同业主、不同业态提供多样化服务，最终让代建成为一个真正独立的综合型赛道。但是，不同业态代建往往需要不同专业能力。如租售型办公项目，要保证平面使用率、成本可控，实现经济价值；自持型办公项目则要了解客户需求、工作流程、价值分配等关键点，这就需要企业逐步加强专业化定制能力。

其三，未来轻资产代建企业，不仅仅是传统的开发建设管理，而是在前端市场客户洞察、产品策划定位、合作资源引入、资金方案解决，以及后端的资产运营管理、退出渠道打通等全链条都可以为委托方提供全链条的专业服务。可以预判的是，未来有精细开发建造及运营服务能力的代建企业将有更大机会胜出。

综上，代建企业只有持续开展并提升多元化业务服务能力，才能保持业务的连贯性，获取多元化的收入结构，让企业后期发展更加稳固。增强管理的综合能力，越多元化的业务承接能力，就有越强的抗风险能力和越高的企业价值。

3.2 市场化代建头部企业实践经验分析

本章从企业优势、业务构成、服务内容、权力责任、组织管理、产品引擎、项目决策、风险管控、取费方式九个维度分析市场化代建，并归纳总结特点。

3.2.1 企业调研分析

对市场化代建头部企业10家、委托二级企业代建的政府投资平台公司4家，共14家企业开展了深入调研。调研发现，这些企业在代建领域各具特色，既有共性也有差异，为行业提供了宝贵的实践经验。以下是对这些企业优势及业务构成的详细分析。

1.企业优势

对各调研企业的承接代建项目的自身优势进行调研后汇总后分析如下：

房地产开发企业凭借丰富的开发经验，在开发管理和建设工程管理、投资管理方面优势明显，拥有专业的团队和人员、强大的项目控制力（项目策划能力、产品力、成本控制、开发速度等）、优秀的项目运营能力和品牌（既有品牌力和品牌维系）及完善的风险管控机制。同时企业具有很强的资源整合力，能够将内部经营、人力资源管理清晰的同时，集成外部政企和供应商资源，为企业服务。此外，龙头企业基本均具有较为强大的管理力，管理制度体系能够指导代建的全过程，并通过标准化、数字化应用的方式提升管理效能与质量。同时，房地产开发企业与设计、总承包、监理、咨询等企业能提供的服务相比，更能满足代建服务需求，目前代建行业的头部企业均为品牌房企。

对于企业优势来说，专业人员和团队是核心，项目控制力、内外部资源、管理力是基本功，项目运营能力和品牌力是提升盈利水平的关键，风险把控是底线。企业优势总结如图3-10所示。

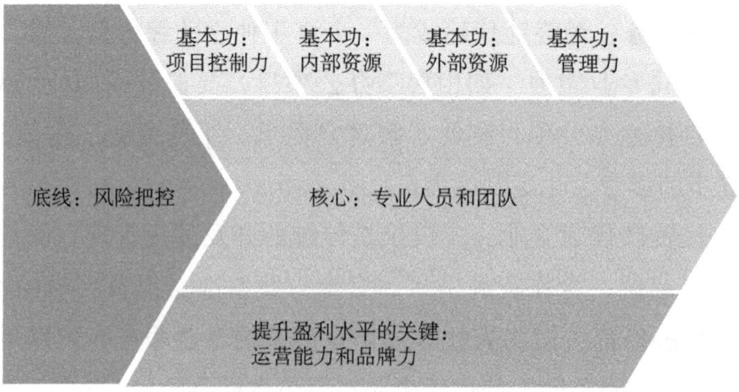

图3-10 企业优势总结示意图

2. 业务构成

代建企业或业务部门依托自身优势构建业务体系。为确保代建业务板块的整体收益，需要平衡收益低的项目和收益高的项目在总体业务中所占的比例。

调研结果表明，多数代建企业均承接政府委托代建、商业委托代建、资本委托代建业务，并开展相关咨询服务。营利性较好的企业商业委托代建占比较高，地方国企政府项目占比较高。

目前，业务相对稳定的头部代建企业业务结构中，承接的依据政府相关政策规定取费、单项目层面不盈利/微利的项目占比约30%；承接的采用市场化议价、项目层面具有盈利能力的项目占比达70%～80%，如图3-11所示。B类代建项目（A类、B类分类参见表3-5）是企业的主要利润来源，在整体业务构成中占比较高，能够保障代建企业或业务部门的收益。例如中原JY 2022年收入结构中B类代建占比接近90%，绿C管理2022年代建收入结构中B类代建占比约63%，是代建企业主要利润贡献者，如图3-12所示。从代建项目用途来看，华R、万K等因代建业务板块服务于集团总体战略，注重建立良好政企关系，更专注于政府非盈利性公建，中原JY则专注住宅，中原JY的高利润率与其专注住宅的B类代建密不可分。

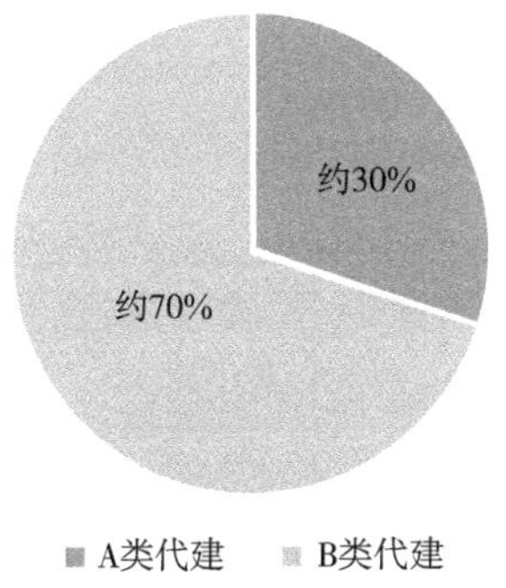

图3-11　头部代建企业业务结构

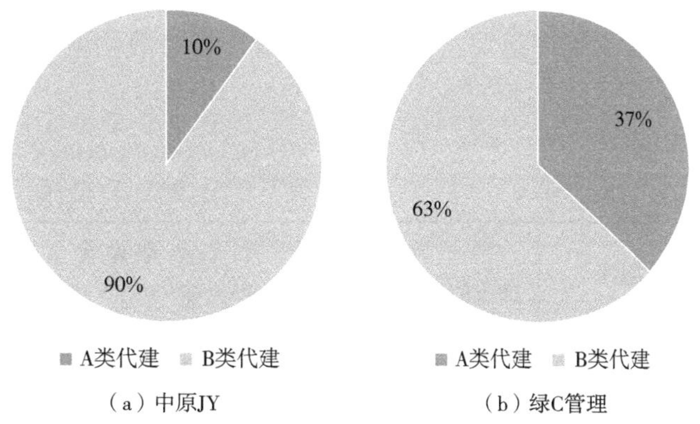

图3-12　代表性代建企业2022年代建收入结构

3. 服务内容

市场化代建调研结果显示，几乎所有代建企业开展代建业务的服务模式均包含从项目立项到竣工交付的工程建设阶段的“建设全过程代建”服务。但是，市场化代建服务内容不仅限于工程项目建设管理，还涉及营销代理和运营管理。不同企业根据项目具体情况的不同还提供项目立项前的服务（如前期策划）和项目后期的销售、运维等服务。分类示意如图3-13所示。

其中，第一类“工程管理代建”，代建企业承担的工作有报批报建、招标采购和项目管理等；服务外包的工作有勘察设计、工程施工和工程监理等。第二类“建设全过

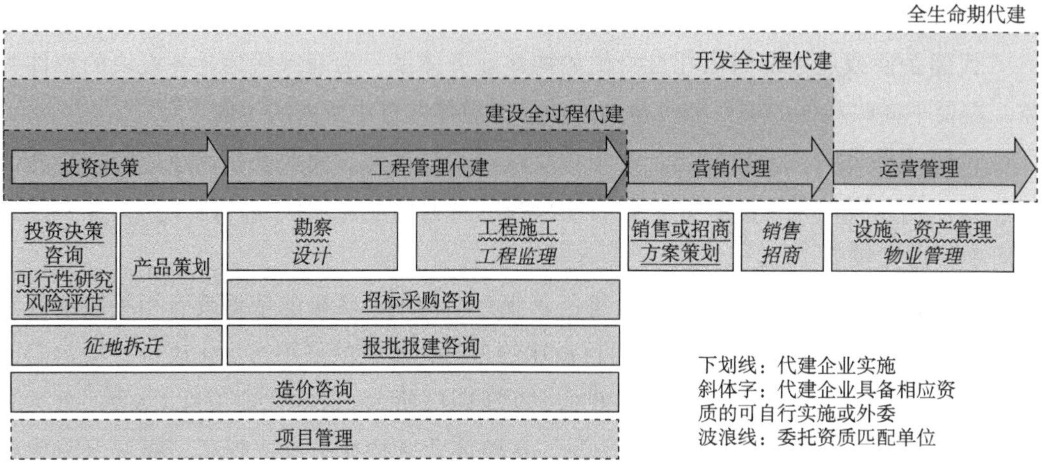

图3-13　分类示意

程代建”，除了第一类应承担的工作外，企业承担的工作有投资决策咨询、风险评估、融资咨询、产品策划等；服务外包的工作有可行性研究、征地拆迁（如有）等。第三类“开发全过程代建”，除了第二类应承担的工作外，还承担销售或招商方案策划、销售及销售管理或招商及招商管理等。第四类“全生命期代建”，在第三类业务的基础上增加运营管理策划、设施及资产管理服务或物业服务。代建方工作界面划分如表3-6所示。

表3-6　代建方工作界面划分

类别	第一类工程管理代建	第二类建设全过程代建	第三类开发全过程代建	第四类全生命期代建
服务内容	从设计、施工到结决算后交付、质保期的工程建设管理	工程管理代建+投资决策+产品策划	建设全过程代建+营销代理+品牌管理（如有）+融资咨询（如有）	开发全过程代建+运营管理
代建单位承担	招标采购咨询 报批报建咨询 项目管理	第一类业务+投资决策+产品策划	第二类业务+销售或招商方案策划+品牌管理+融资管理	第三类业务+运营管理策划
服务外包，代建单位管理	勘察设计/工程施工/工程监理	第一类业务+可行性研究、征地拆迁（如有）等	第二类业务+销售、招商	第二类业务+设施、资产管理服务/物业管理
代建获取资质纳入管理	—	勘察设计/工程监理/物业管理		

在上述服务过程中，为掌握项目主动权、获取更大收益，代建企业还可以联合具有设计/监理/施工资质的企业合作去提供服务，通过事前约定管理费的形式，扩大代建服务费比例，提高代建收益率。绿C管理在浙江省尝试以“代建+总承包”联合体的方式承揽的代建项目即属此类。此外，代建企业也可以通过收并购，获取设计、监理或物业管理的资质，并将相应业务纳入代建企业承担工作范畴（在地方法规允许范围内），扩大代建服务内容、提高代建收益率。

不同企业类型针对不同委托方主体有不同的实施特点：

1）由政府平台公司承接的政府投资项目，代建方负责项目立项、开发相关前期、设计、施工、验收及交付全过程。部分平台公司（如雄安集团和北投集团）还负责土地一级开发相关工作。

2）由市场化代建企业承接的政府投资项目，代建项目实施涵盖除土地整理的全部流程（前期、设计、施工、验收及交付），根据服务模式的不同对部分流程进行增减。

3）由市场化代建企业承接的商业委托代建项目，其实施特点与房地产开发流程基本相同，除土地和投资外，还涉及从拿地咨询、产品策划、方案规划、前期、设计、采购、工程施工、交付及销售全流程业务服务，同时依托自身开发优势提供增值服务（如管理技术、成本管控、品牌输出等）。

4.权利责任

（1）权利义务划分。

①委托方权利义务。

委托方履行建设方主体义务，要求监督权、审批权、建议权、知情权。财务进度审核权、招投标建议或决策权。在浙江省和深圳市南山区的政府投资建设工程中，为严格控制投资，委托方明确提出要求掌握造价咨询单位的招标、管理权，控制成本的同时实现对资金的监管。在对深圳市建筑工务署代建项目调研中，市工务署强烈建议造价咨询单位的招标和管理权保留在市工务署，确保资金管理的主动权和知情权。

②代建方权利义务。

代建方依据代建合同代理委托方履行建设管理义务。工程管理代建业务对产品设计、招投标、成本/质量/工期/安全等负责；建设全过程代建业务在工程管理代建的基础上，增加对投资决策负责；开发全过程代建业务在建设全过程的基础上，还需对销售、招商结果负责；全生命期代建业务在开发全过程代建的基础上，还需对项目运维管理和物业管理结果负责。

关于代建企业权利，所有代建企业均要求资金支付审核权和参建单位定标建议权。万K还要求有采购定标权。资金支付审核权方面，要求所以资金的支付均需通过代建企业的审批，由代建企业审批后报委托方审批决策。参建单位定标建议权分三个层面来实现，一是前置参与招投标条件设置，联合委托方编制招投标文件；二是代表委托方参与评标，根据评标要求1～2人出席评标会；三是代表委托方参与定标，根据招投标管理办法要求派遣相应人数参与定标，发挥委托方代表作用。代建方权利义务如表3-7所示。

表3-7 代建方权利义务

类别	第一类工程管理代建	第二类建设全过程代建	第三类开发全过程代建	第四类全生命期代建
代建服务范围	建设管理	投资管理、建设管理	投资管理、建设管理、销售管理	投资管理、建设管理、销售管理、运维管理
代建方权利	支付审核权，参建单位定标或定标建议权。例如万科代建要求有采购定标权。（但关于造价咨询单位的招标、管理权，委托方会要求掌握在自己手中。例如深圳市南山区工务署）			
代建方义务	建设管理（质量、成本、进度、安全等）	开发（产品定位、设计、招投标、投资收益管理等）/建设管理（质量、成本、进度、安全等）	开发/建设管理/销售（定价、宣传推广、销售、销售回款管理等）	开发/建设管理/销售/运维管理（运维方案策划、物业管理方案等）
权利义务确认方法	代建招标文件中明确代建单位的权利义务，并在合同中具体约定。部分企业签订代建合同后，双方明确权利义务细节作为合同附件			

（2）合同签订方式。

委托方与通过招标等方式选定的代建企业签订代建委托合同，明确委托方和代建方的权力责任和工作范围等。

在项目实施过程中，由于我国多数地区不认可代建企业的建设方主体责任，故与项目各参建单位签订合同的多为项目委托方。绿C管理、金D、旭H、朗S均表示此方式为主流。个别情况下，应委托方要求，委托方、代建方、参建单位签订三方合同，特别是针对选择市场化代建、且自身缺乏专业建设管理经验的政府投资建设工程的立项单位，出于风险规避的需求，通常会要求代建企业签三方合同。三方合同有委托方、代建方、参建单位的甲1甲2乙三方合同，也有委托方、参建单位、代建方的甲乙丙合同。合同中确认三方的权责和工作范围。此外，有个别地方政府认可代建企业建设方主体责任，要求代建企业与参建单位签订两方合同，例如东莞市、中山市、浙江省个别市区、深圳市南山区等。

5.组织管理

通过对多家市场化代建企业的调研分析，我们发现开展市场化代建业务初期拉通房地产板块资源，获取房地产板块在人、财、物（包括管理制度、管理平台）等企业资源方面的支持，是各家企业的共通特征。在项目实施中，需要集团在技术、管理方面给予支援的情况，初期基本由地产板块的设计、工程、财务等部门支持。在管理制度、管理工具（平台）方面，地产板块全面支援代建业务开展，各家企业的代建管理制度、管理标准都脱胎于地产板块，是结合代建业务特点、以地产项目管理制度和管理标准为基础修编而成。从各家企业的发展情况来看，代建业务的开展离不开地产业务板块和集团管理部门的支持，各企业均对集团内部协同提出要求，特别是人员调配和代建项目管理方面，从制度上、组织机制上予以明确。

（1）人员。

代建项目组织管理方式有两类，一是项目团队作公司的派驻机构，行使建议、督导、指导权；二是组建项目公司操盘项目，与小股操盘代建模式类似，如中原JY等。后者更能发挥代建企业的主动性。

①项目团队。

代建业务在企业组织中的层级，代表了企业对发展代建业务的重视程度。为了将代建业务培育为企业第二增长极，多家代建企业把代建业务板块置于与成熟业务板块同等的地位，为协调企业资源支持代建业务发展，由企业副总级别以上领导兼任业务部领导或分管代建业务部。

代建业务发展初期，通常从房地产板块抽调专业管理人才充实代建团队，一方面满足代建项目对开发建设专业能力的需求，另一方面也解决了房地产板块业务收缩带来的剩余人员安置问题。随着业务的发展，一方面积极培养专业人才，另一方面从外部招聘高级管理人才充实管理团队，全面提高管理团队综合技术和管理水平。

秉承以项目定团队、以团队找项目的原则，各公司会根据业务拓展和管理要求配置一定的固定人员，但项目确定后，会从房地产业务板块抽调专业技术人员服务项目。专业技术人员在地产、代建两业务板块流动，支持项目管理，华R、龙H、旭H、金D、绿C管理等都有此情况。此外，地产板块的设计、招投标、合同、财务等部门还作为后台支持代建业务。

以金D为例，项目团队按照常规地产开发逻辑进行团队组建，销售型代建项目会配置项目总、销售经理、成本经理、设计经理、工程经理和土建/安装工程师、财务经理、报建经理和客服经理。针对代建企业人员编入项目公司的情况，若建设方出任正职，则代建方出任副职，核心骨干确保为代建企业派驻人员。派驻人员数量、专业随项目实施阶段不同动态调整，金D表示合理人数在30人左右。

此外，中原JY派遣项目总经理和工程部、营销部、成本部、设计部、管理部正职，以及财务部副职，人员数量依据项目实施不同阶段调整。旭H采用项目总、设计经理、工程经理、成本经理的1+3项目组人员构成模式。龙H采用项目总、工程、成本、设计、采购、财务、营销的1+6项目组人员构成模式。万K采用项目经理、各专业工程师、项目秘书、采购、运营介入相关工作，中后台人员兼职的模式（见表3-8）。

表3-8 不同阶段团队成员构成

类别	第一类工程管理代建	第二类建设全过程代建	第三类开发全过程代建	第四类全生命期代建
实施模式	派遣项目团队	派遣项目团队和投资决策团队	派遣开发团队、投资决策团队和销售团队	派遣项目公司主要干部（以下以中原建业为例）
主要管理人员	项目经理	项目经理＋投资决策专项负责人	项目经理＋投资决策专项负责人＋销售经理	项目总经理、工程部、营销部、成本部、设计部、管理部正职，财务部副职（正职业主委派）
专业人员	参照地产项目配置项目团队人员。根据项目不同阶段分批次投入。 金D：土建工程师、安装工程师，财务、营销、工程管理、成本等，代建合同中约定人数，人员接受甲方面试。 旭H：项目总、设计、工程、成本经理的1+3模式。 龙H：项目组1+6（项目总+工程、成本、设计、采购、财务、营销经理）。 万K：项目经理、各专业工程师，项目秘书，采购、运营介入相关工作。中后台人员兼职			
管理模式	参照地产项目管理模式，矩阵式管理			
管理标准	项目管理体系，来自地产，对应代建业务调整而成。 中原JY：项目承接评判标准、派驻人员标准、营销标准、工程标准、成本标准等。 旭H：会议体系，三方飞检，三方评估			

代建业务板块初期为了吸引地产板块专业人员，在薪酬及考核方面沿用房地产板块的管理制度，通过与地产板块的人员共享，解决了代建业务开展初期人员经费不足的问题。随着代建业务板块的成熟和利润的实现，逐渐向代建业务板块独立核算过渡。在人员定级和薪酬方面，多数企业设立专门人力资源评定制度，也有一些企业执行集团管理制度，而后者更容易确保高素质人才参与代建业务。例如，龙H在人力资源管理方面，采用集团一盘棋，人员定级和薪酬一致，并不因代建板块和地产板块不同而区别对待。

②组建公司。

大多数企业发展都经历了从部门到独立法人的过程。在明确扩大代建业务规模后，设立代建独立法人，与集团隔离风险，尝试独立发展。设立独立法人初期除财务外，依然保持与集团房地产板块的资源共享，但明确独立法人的高级管理层，逐步完善组织架构，并不断固化技术、管理、销售相关制度，为独立运营做准备。承揽项目稳定在一定规模以上且组织架构基本完善。核心管理制度基本建立后，逐渐转向完全独立法人运营，自负盈亏。

华R最早在2009年开始承接代建业务，经过8年的积累，2017年将代建列入创新发展业务中，配合地产整体投资战略，开展场馆代建代运营业务。2020年将包含代建业务的轻资产管理业务与经营性不动产业务、开发销售型业务放在同一层级，作为华R三大主营业务之一蓄势发展。华R置地深圳大区城市建设事业部下设8个代建项目区域（与深圳行政区域基本重合）和6个职能部门（设计部、合约部、运营部、开发部、人事行政组及财务组）。代建项目设计管理、招采及成本管理均由城市建设事业部的职能部门直接管理，代建各项目部人员仅负责现场管理，房建类（如学校、医院等）项目部按管理面积3万～5万m^2/人配备，市政类项目（如公园等）按15万m^2/人设置。

绿C最早于2005年开始涉足代建业务，2010年成立独立的、专门开展代建业务的分公司，开启代建业务的体系化、专业化发展。2016年，绿C中国控股有限公司整合代建业务，成立绿C建设管理集团有限公司（以下称绿C管理）负责代建业务，开始代建业务的规模化发展。绿C管理实施“集团直管+区域/平台分管”模式。区域公司和平台公司承担其分管项目的具体业务，包括团队组建、工程营造、营销管理以及委托方需求响应等。以商业委托代建为例，绿C管理与委托方成立项目公司，项目公司董事会由委托方委派，代表委托方行使决策、监督、建议以及知情权，而绿C管理负责搭建项目管理团队，由委托方派遣的财务负责人对项目进行监控。绿C管理执行总裁从现任到前任是绿C中国知名高管，且得到绿C中国掌舵人的认可和提拔的干部。绿C管理实施集团直管、区域平台、项目公司三级管理架构。

金D集团2006年承接的深圳福田区建筑工务署代建项目“福田科技广场”，是金D集团首次进入代建领域。2010年在全国范围开启代建业务。2018年，金D集团成立金D集团代建公司，后更名为金D集团开发管理公司（以下称金D管理），将代建业务作为金D集团的主要业务板块。金D管理公司管理架构目前为两级，即总部和项目部。总部设置有拓展、人力、运营、财务、营销、设计、工程、成本、品牌条线，项目部配有设计、工程、成本、营销、财务条线，项目部业务条线同时向总部相关条线汇报。对于项目较多的区域，正在转向三级架构，即总部、区域事业部、项目部。各项目部设专职人员负责现场管理，设计及成本管理由总部负责。政府委托代建类项目部人员一般设5～6人，商办类项目设6～8人，住宅类项目设30～40人（含销售人员，部分销售人员为临聘或为金D集团销售人员）。金D集团副总裁担任金D管理董事长，金D集团资深高管出任金D管理总经理。

建Y地产集团于2015年开启代建业务，2016年成立中原JY，加快代建业务发展并于2021年港股上市。首席执行官历任建Y地产集团项目总、区域总。中原JY采用轮辐式组织管理模式，所有的支付均需首席执行官审批，严控现金流。

调研中各房企表示，虽然在经历一定规模的项目后成立独立法人代建公司，但在实际运营中，公司成立不是立刻独立，除财务外，人员、技术和管理均与地产部门资源共享，公司“独而不立”（表3-9）。后期成熟的代建公司则组织架构与地产开发企业类似，通常会设置财务、人力、拓展、前期、设计、工程、成本、合同、营销、综合等部门，部门人数随业务发展逐渐增加。

表3-9 房地产代建独立法人运营现状

名称	性质	概要	调研了解实际情况				发展特征
			财务	人员	办公地点	企业智库工程管理	
绿C管理控股 绿C乐居	混合	独立法人已上市	独立	独立	独立	地产共享	深耕浙江市场，尝试新模式并推广
蓝C乐居建设管理	民企	独立法人	独立	独立	独立	独立	将“浙江经验”推广应用
金D集团开发管理	混合	隶属于上市公司金地集团	独立	地产转	独立	地产共享	5个事业部与地产板块呼应，商办投资+代建布局全国；资本代建开局广州
华R置地	国企	独立法人，已上市	独立	地产互调	地产共享	地产共享	属地化发展，概念方案开始介入，建设管理优势
龙H集团 龙H龙智造	民企	独立法人	独立	地产互调	地产物业	地产共享	形成复购，国企、地方平台、学校；项目拓展选择有成熟团队的城市有项目操盘能力
河南中原JY	民企	独立法人已上市	独立	独立	独立	地产共享（供应库）	以郑州为中心，500 km辐射范围拓展项目。住宅为主，复购率高
深圳市万K城市建设管理	混合	独立法人	独立	地产转	独立	地产共享	重点区域深圳大湾区周边

续表3-9

名称	性质	概要	调研了解实际情况				发展特征
			财务	人员	办公地点	企业智库工程管理	
旭H管理	民企	独立法人	独立	地产互调	地产共享	地产共享	产品策划优势，全业态营销，突出资产管理特色
厦门建F	国企	独立法人	独立	独立	地产共享	地产共享	立足福建大本营，逐渐向外拓展。产品力和成本控制优势

（2）能力。

经调研，优秀市场化代建企业在其专业能力、开发能力、管理能力、沟通协调能力、运营能力、物业管理、投融资能力、品牌增值、人才保障等方面具有各自独特的优势，保障代建业务的高效高质开展。

绿C乐居通过自身品牌效应、策划能力、专业素养、营销资源保证代建项目的溢价能力，拥有3000余人的绿C体系资深人才。

龙H龙智造拥有数字科技、高品质、强运营三大能力。旗下龙智精工板块能让整体工期缩短20%～30%，并实现高品质交付。龙智千丁板块基于AIoT技术提供的智慧城市解决方案，可以让项目综合能耗下降30%，安全事件处理效率提升25%，全生命周期人力成本减少40%。

中原JY成本控制能力较强，在售价不高的前提下具有强大的成本控制能力，拥有积累30余年的成本控制经验。后期服务能力优，要求必须采用中原建业自己的物业管理，提高项目后期运营管理品质，增加销售吸引力；构建“代建信赖”体系，关注政府、合作方、资本方、客户和行业信赖，提升品牌价值。

（3）制度。

①经营层面。

代建企业经营层面制度涵盖项目评判标准、决策会议评审制度、定制化服务体系、权责分配体系、资金收付款和审计管理、文件合同模板、沟通协调指引和沟通质量评价机制、项目后评估制度和满意度调研回访制度等。

绿C管理构建产品、运营、服务、供应商四大评价体系，包含18个类别、73项目技术指标。

金D管理编制全专业全流程权责分判体系，定制权责分配形式，并编制完善的标准化文件模板。

旭H管理在房地产开发板块项目管理标准的基础上，根据代建业务特点调整相关内容构建定制化服务体系。

②业务链层面。

代建企业业务链层面制度包括精益管理框架（管理节点和管控要点）；品质管控体系和巡查督导；样本引领制度；成本管理体系和成本动态跟踪管理，设计变更的管理；运营管理标准化、信息化；派驻人员标准；营销标准；工程标准等制度化标准化文件（覆盖从前期、设计、工程到成本招采、质量管理等全过程）。

绿C管理采用师徒制带教、第三方检测机构抽查、战略合作单位考评等方式确保项目质量。

华R置地从前期策划到运营7个阶段形成管理节点，全价值链精细化代建管理，高效有序的调度能力和国际标准的代建品质。

中原JY编制项目承接评判标准、派驻人员标准、营销标准、工程标准、成本标准等，对项目全周期进行严格管控。

③供应链层面。

供应链层面制度包含供应商分级标准化体系，合作单位考评，合伙人平台等。如绿C管理建立供应商分级标准化体系，设置准入门槛；中原JY成立城市合伙人理事会组织，利用信用和融资手段，为成员企业嫁接资源。

④数字化管理层面。

数字化管理层面制度即代建企业建立项目数字化管理平台，使项目管理流程在线化、数字化。调研发现，绿C管理、金D管理、龙H龙智造、旭H管理、中原JY等头部代建企业均建立了各自的数字化项目管理平台，提升管理和审批效率，龙H龙制造还为业主提供数字化管理平台，实现全链条数字化赋能。

⑤考核激励层面。

考核激励层面主要指考核制度和激励制度。在项目考核和激励制度方面，政府投资项目通常不设考核奖励，即使设定结余等考核奖励，受审计管理制度的制约也无法具体发放。非政府投资类的代建项目通常会设定考核奖励，其中，固定月费支付的仅服务建设过程的代建项目考核奖励较低，含销售过程的代建项目会设定对赌条款，考核奖励比例较高。绿C、旭H、金D、龙H等多数代建企业均表示会在代建合同中设置考核和奖励条款。

在项目团队成员考核和激励制度方面，大部分代建项目会引进项目团队考核和激励机制，通过对项目团队成员的直接奖励来提高团队的积极性。激励费用比例依项目不同而不同，一些代建企业设定代建服务费10%为团队奖励，支付对象为项目所有参与者。

中原JY按照销售额的2‰给予团队奖励，团队包括项目派驻人员和总部支持人员等所有项目参与者，奖励由项目公司直接发放。

（4）资源。

代建企业开展业务的资源可归纳为集团总部资源、供应商资源、物业资源、投融资资源、信用品牌资源等五类。

集团总部资源涵盖人才、技术和管理知识与标准、政企关系共享资源等；供应商资源构建供应商生态，含设计、采购、工程、营销。包括高水平战略设计单位，线上招采平台等。上下游优质企业的长期储备和协调管理，是市场化代建企业控制成本和建设周期的重要保障；物业资源是优质的物业管理企业资源；投融资资源指企业内部金融资源，基金、信托等金融机构以及产业链上下游企业等外部金融资源；信用品牌资源是指代建企业通过持续提供优质代建服务积累的信用背书和产生的品牌价值。其中，供应商资源、物业资源、投融资资源是代建企业的有形资源，信用品牌资源是代建企业的无形资源，集团总部资源中同时涵盖上述两种资源形式。

以供应商资源体系为例，作为TOP10房企的绿C，华R，金D，背后都拥有优质且性价比极高的供应链资源。以供方资源为例，金D管理在全国就拥有超过1.7万家设计、施工、咨询、媒体、代理等类型的优质合作供应商，能够实现同样品质下，更具性价比的战采价格；金D管理独立以来，积极整合集团总部运营管理、物业管理力量，还成立了金融服务机构支持代建业务的进一步扩大发展。

图3-15　代建企业资源分类

6. 产品引擎

市场化代建企业应具备成熟的产品输出能力，产品力是衡量代建企业能力的核心要素，也是代建企业获取项目的关键。产品力包含产品策划、市场调研、产品研发、产品标准化等一系列能力。具有产品力的商品房开发项目尤为重要，强大的产品力带来高溢价，高投资回报获得委托方信赖，促进复购，助力代建企业在激烈的市场竞争中获取稳定的市场份额。而且产品系应该多样化，一些中型规模房企过度依赖单一产品系，相应自身供应商体系乃至产品研发数据库多样性不足，而面对不同地域、不同业态的代建委托方需求就很难去有效响应和支撑。

同时，以产品力提升为目标构建完善的标准化管理体系可提高代建部门（企业）的效益。头部代建企业非常重视项目建设管理相关技术标准、管理标准的制定和实施，将标准化作为提升产品品质、提高建设效率、确保交付质量、降低建设成本的重要举措。绿C管理、旭H、龙H、金D、厦门建F等均是在房地产开发板块项目管理标准的基础上，根据代建业务特点调整相关内容编写了代建业务相关标准。

绿C管理的产品力特别是中式产品力在行业遥遥领先，绿C管理相继建立了代建4.0模型，M登山模型，从六大营地、23个服务节点动作，指导代建团队在服务过程中，与委托方建立牢固的信任关系，以规范化、流程化的专业服务，确保项目经营兑现度。

绿C管理提出绿星标准作为其代建4.0体系的重要组成部分，绿星标准以相互约束、合作共赢为核心原则，覆盖代建前后端的产品、供应商、运营、服务四大模块，并与开发成本、收益绑定，让管理过程、结果清晰透明，为定制开发、成本控制、产品品质确立科学标准。

金D管理产品力面向改善时代到来再度推陈出新。针对过往九大标准产品系列进行升级，打造出“欧陆”“中式”和“现代”三大产品风格六大产品系列，更宽泛，更针对满足不同消费价值观、不同家庭生命周期的客户需求。金D管理在“集团领先产品标准化”指引下，对当地规范及政府执行标准进行充分研判，对地方市场及客户需求进行调研匹配，对产品细节进行适应性打磨和适配，在成本可控的情况下，最大限度提高项目产品竞争力。此外，金D管理在行业率先提出服务力标准和模型，将服务力上升为企业战略级高度。强调代建核心需要二元能力，强调服务力与专业价值创造力一样重要。并打造代建行业多个领先的专业服务体系，提出行业首个服务力“金三角”模型，并创造出行业多个首个服务工具和体系。比如打造代建行业首个信息管理平台“委托方驾驶舱”；发布代建行业首个服务指南白皮书“委托方服务白皮书”，发布行业首个针对服务质量评价体系“代建服务质量体系”。

中原JY编制项目评判标准、派驻人员标准、营销标准、工程标准、成本标准等，对项目全周期进行严格管控。成立了“城市合伙人理事会”，以一种全新的商业制度模式，开阔了代建合作的空间。对外发布中原JY代建C平台，在品牌溢价能力、管理红利能力不断叠加的基础上，构建新模式和新逻辑。

华R置地建立了以文体场馆为核心的片区统筹开发的标杆“南山模式”，构造先进营销、优质服务、安全运营、成本领先的会展营运系统。

旭 H 制订了会议体系、三方飞检制度和第三方评估制度，以提高审批速度和项目交付品质。

龙 H 龙智造以数字化能力为底座，围绕虚拟建造、客户驾驶舱、智慧工地等数字化技术，实现全建造链条的数字化场景融合赋能，提升复杂项目的管理效率。

7. 项目决策

对各调研企业的承接代建项目的决策机制汇总后分析如下：

（1）委托方。

目前行业内委托方主体已经高度多样化，主要可分为两类。第一类为政府、国企、地方平台公司等，第二类为信誉好、实力强、资金条件好、文化认同、经营指标认同的民企及民间投资机构。

委托方由于“所有制不同，业态属性不同、区域市场不同，决策人个人偏好不同”等，最终导致代建需求可谓五花八门。代建企业应选取信誉良好、认可或过去采用过代建模式、资金实力雄厚、信誉良好的委托方。

（2）区域。

代建项目选择坚持属地化原则，深耕地产业务成熟地区并有序辐射周边、聚焦高能级城市、集团总部所在地、政企关系良好地区。这是因为属地区域的开发资源丰富、人员充足，可确保代建项目有成熟的项目操盘团队，较强的地域化营销、管理能力和区域化服务能力，是项目得以顺利实施的重要保障。另外，随着区域内项目的增多，还可实施多项目协同管理，降低人工成本以提高项目利润率。中原 JY 坚持实施属地化发展，其项目净利率高居行业首位。

（3）项目。

在项目层面，代建企业项目决策主要依据以下因素：

1）测算底线指标。

公建类项目决策依据是项目测算盈利水平，利润率是核心决策条件。此外，代建企业在项目所在地的经营优势、同类型项目经验以及投资控制能力和项目操盘能力也是影响决策的因素。例如，上海地产下属世发公司在上海地产一级开发的上海世博园承接了数个总部大厦的代建，其主要优势除了作为地方国企在管理合规性方面的优势外，其对上海世博园区域的土地、市政基础设施和行政管理流程等的了解，也是促成建设方委托其代建总部大厦的主要原因。

对商业委托代建项目和资本委托代建项目主流决策模式是规定项目测算底线指标作为决策必要条件。金 D、中原 JY、旭 H、厦门建 F 都明确规定了以项目测算毛利率/净利率为指标的底线条件，例如旭 H 要求毛利率 40%、净利率 20%，金 D 要求毛利率 30% ~ 40%、净利率 10% ~ 15%，厦门建 F 要求毛利率 30%，净利率 20%，中原 JY 要求净利率大于 6%。此外，还有将销售流速作为底线标准的企业，例如浙江中天美好在判断城投托底项目是否签约，就推行“销售流速一票否决制”。即如果销售流速测算通不过，则没有项目商务谈判的必要性。

金D、旭H、厦门建F、中原JY等企业都明确规定有项目利润底线。实施调研的市场化代建企业，均选择自身区位优势明显的地区，开展代建业务。

2）履约风险。

针对代建项目的资金条件和土地条件进行预先研判审核，确保后期工作的顺利开展。如中原JY在项目选择上坚持“好人好地”原则，即良好的合作方和良好的地块条件，在实地踏勘的基础，做可行性研究论证。

3）项目难度。

依据项目规模、功能复杂程度、实施技术难度等方面研判项目是否能够承接。

4）其他价值。

当项目测算后难以直接盈利时，是否承接该类项目的判定条件主要看项目是否能为企业带来附加价值和长远影响，例如有助于提升项目周边代建企业集团在开发项目价值（如深圳市福田区、南山区和光明区的零代建项目），有助于提升代建企业品牌影响力（金D、龙H），有利于维护良好的政企关系（华R、万K），贡献企业年承接项目总量的增长（绿C管理）等。依项目不同，承接此类项目的代建板块的运营经费、人员薪酬等部分由地产板块负担或接受集团统筹。

5）考核指标调整。

部分国有企业主动承担或者被指定承接政府投资非盈利性项目时，由于项目不盈利，地方国企会与上级单位协商调整绩效考核内容和指标。例如，雄安集团接到政府委托代建任务分配给自己二级单位时，若项目层面代建亏损，会设定负值的考核指标；若本年度考核指标确认后，再接到亏损项目，该项目不列入本年考核，或在每年年中进行考核指标调整。上海地产在选择二级单位代建时会采用内部竞标，对于非盈利项目，在可研报告中综合约定工作组织模式和考核指标，本着合规的原则协商确定调节办法，底线时管理费可以支持团队生存。调节办法包含：用其他项目平衡、年底考核利润补贴、降低考核指标等。

8.风险管控

（1）市场风险。

宏观经济政策会影响代建市场的构成。现状，新基建、新城建政策促使大量既有建筑改造项目进入市场；房住不炒政策下新增房地产开发项目数、规模双减，商品房代建市场规模缩减；政府基建投资的增加，提高了政府投资建设工程的场化代建规模。

代建企业应积极开展市场调研，研判并把握市场动向，优先考虑与国企、地方平台公司等稳健的委托方合作。同时规划代建业务构成，谋求专业化、多元化发展，增强抗风险能力的同时依托精准的市场判断，为企业进入代建市场、占领一定市场份额提供帮助。

另外，房地产市场下行导致更多的房地产开发企业进入代建行业，代建市场竞争激烈，甚至出现任意降低代建管理费的恶意行为，扰乱了市场。为避免加入恶意竞争，代建企业在积极收集代建项目的同时，确定代建服务费底线标准，从源头杜绝代建服务费过低的问题。

（2）运营风险。

建立风险识别、风险防控预案、紧急应对措施等系列风险防控制度。企业级风险防控采用分级、分层防控体系，将风险管理植入各个部门，建立总部级、部门级风险防控管理机制。

在资金管理方面，建立总部审计部门对所有代建业务进行内部控制管理，确定风险防控红线。例如中原JY要求保证未来6个月的正常现金流等。

在经营风险方面，部分代建企业采用不入股、不出资、不兜底、不担保、不输出品牌等，严格控制经营风险。

（3）品牌风险。

品牌影响力是市场化代建企业行业口碑、信誉、代建能力的综合体现，是市场化代建企业开拓业务的重要背书，也是代建产品溢价的重要影响因素。

代建企业在发展初期通常使用集团品牌，在代建企业完全独立法人后，从品牌风险管控的角度出发，推出独立代建品牌。例如中原JY要求代建项目的物业管理必须使用中原物业，以降低售后维保应对不及时、不满意带来的品牌风险；绿C管理建立独立于地产板块的代建品牌，隔离对地产板块的影响等。

风险管理是品牌管理中的不可缺少的一环，该工作是对整个品牌建设和管理机制的完善和弥补，在一切可能会发生危机的面前，对风险的评估、分析和应对能够让其发展减少阻碍、更加顺利，保护企业品牌不受影响，为企业发展建立起一个屏障。

企业建立品牌风险管控制度并严格执行。针对委托方选择，要重点关注委托方信誉、委托方对产品品质和代建方管理文化的认可程度。针对品牌输出项目，品牌风险和费率风险是风险监控重点。

（4）项目风险。

项目风险防控参照地产板块执行，重点防控与项目资金、土地条件、委托方干扰、团队冲突相关风险。

针对项目资金开展月度现金流检查保障项目正常运行；在项目里程碑节点审核建设成本并对比预算确认是否超出概算，建立超概预警机制，制定超概应对方案及时调整预算；对项目支出实施全面审核，大额可上升至董事长签署，严格控制成本。例如中原JY所有支付均要求董事长签字确认。

针对土地尽早排查确认地上、地下存在的问题和周边市政管网是否完备，在设计阶段确认地基条件、周边市政接驳、地上需保存树木等，在施工准备阶段解决地上残留的构筑物、树木、坟茔、架线和穿越地块的地下管线等。

委托方干扰是指委托方提出超出预算的需求、指派参建单位、指定材料设备、施工阶段提出大规模变更等，为预防此类问题的出现，在代建合同签订时就提需求、参建单位选定、材料设备规格性能选定等做出明确规定，并在项目实施中严格执行，通过预设措施实现风险防范。

团队冲突是指在项目实施过程中委托方团队和代建团队意见不统一带来的风险。团队冲突会导致项目停滞、开发周期延长、成本增加、品牌要求品质得不到保障等问题，严重的还会导致信誉下降。代建企业在项目决策阶段就应详细调查分析委托方，确保其开发理念、产品质量要求等与代建企业基本一致，从源头上规避团队冲突。中原JY提出的“好人好地”原则中的“好人”即是对委托方的要求。

此外针对项目风险应制订重要节点（启动、中期、交付等）风险回顾和销项制度，落实日常检查、城市公司月检、集团飞检制度，层层管控保障交付质量。针对项目销售阶段，对销售目标、物料落实和销售款入账情况实时监控，确保资金回笼。旭H、金D均有对销售进度回款等开展实时监控。

9.取费方式

在代建项目类型方面，代建业务几乎涵盖所有民用建筑类型。现阶段的项目类型，主要可以分为政府投资类公建项目、保障性住房项目、企业自持物业项目、商品房项目等。

（1）A类代建。

A类代建项目代建服务费取费执行财政部504号文（表3-10）。最低0.4%，最高2%。各地方政府也陆续发布了与所在地区适配的取费政策文件（表3-11）。

表3-10　财政部504号文项目建设管理费取费标准/万元

工程总概算	费率/%	算例	
		工程总概算	项目建设管理费
1000以下	2	1000	1000×2%=20
1001～5000	1.5	5000	20+（5000-1000）×1.5%=80
5001～10000	1.2	10000	80+（10000-5000）×1.2%=140
10001～50000	1	50000	140+（50000-10000）×1%=540
50001～100000	0.8	100000	540+（100000-50000）×0.8%=940
100000以上	0.4	200000	940+（200000-100000）×0.4%=1340

表3-11　国家和地方推广代建制阶段出台取费政策一览表

费率模式		工程概算金额/%							执行的省市区	参考文件来源
		0.1亿以下	0.1亿~0.5亿	0.5亿~1亿	1亿~5亿	5亿~10亿	10亿~20亿	20亿以上		
1	504号文费率	2	1.5	1.2	1	0.8	0.4	0.4	40个省市区执行（10省、20市、10区），13个省市区默认执行	财政部《基本建设项目建设成本管理规定》财建〔2016〕504号
2	重庆费率	2	1.5	1	0.8	0.5	0.2	0.1	重庆北部新区、綦江区、涪陵区	《关于政府公益性项目建设管理代理费总额控制数费率暂行规定的通知》（渝财建〔2003〕71号）
3	上海市级费率	2.25	1.8	1.5	1.2	0.75	0.3	0.15	上海市级投资、上海市黄埔区	《上海市市级建设财力项目代理建设管理办法》（沪发改规范〔2020〕21号）
4	厦门费率（按项目性质分类，列举为建筑费率）	3	3/2.5	2	2	2	2	2	厦门市	《厦门市人民政府办公厅关于印发市级财政投融资建设项目代建制管理办法的通知》（厦府办〔2018〕24号）
5	杭州费率	2.5	2.5	2	1.7	1.5	1	0.5	杭州市	《杭州市政府投资项目代建制管理暂行办法》（杭政办函〔2009〕33号）

续表3-11

费率模式		工程概算金额/%							执行的省市区	参考文件来源
		0.1亿以下	0.1亿~0.5亿	0.5亿~1亿	1亿~5亿	5亿~10亿	10亿~20亿	20亿以上		
6	湖南省费率	4	4/3	2.5	2/1.5	0.5	0.2	0.2	湖南省	《关于印发湖南省政府投资项目代建服务取费标准的通知》（湘发改价服〔2015〕744号）
7	深圳市费率	3	3	3	3	2.5	2	1.5	深圳市级、深圳南山区、福田区、坪山区、龙岗区、宝安区、深汕合作区	《深圳市级政府投资项目市场化代建管理费总额控制数费率表》
8	深圳市光明区费率（504号文调整系数，表中为最高系数）	3	2.25	1.8	1.5	1.2	0.6	0.6	深圳光明区	《光明区政府投资项目代建制管理办法（试行）》（深光府规〔2021〕9号）
9	其他模式	通过招投标等方式决定							北京市朝阳区、广州市、重庆市、重庆渝北区、渝中区、安徽铜陵市、哈尔滨市、宁夏、云南省	—

A类代建项目由于其公益性性质，管理费用较低，无法覆盖代建项目人员薪资等支出，深圳市福田区、南山区和光明区所说的“零代建项目”基本都是这类政府投资项目。因此市场化代建企业承接项目的动机主要来自于经济效益以外的价值判断，为了维持收支平衡，企业最常争取的办法就是让派遣人员薪资在项目据实列支。人员薪资由项目负担的情况，金D、朗S、中原JY均有采用。

代建服务费支付方式有两种，一是开工前按成果文件完成额比例，开工后按工程发生额比例支付，支付节点与成果文件或工程支付节点同步。深圳市南山区工务署（华R承接的南山医院项目等）、福田区工务署、金D、雄安集团均采用此方式。二是代建业务介入前支付代建费的3%～5%作为定金（用于前期费用支出），代建业务介入后工程开工前按固定月费支付，固定月费总额占总代建费40%～50%，开工后按施工过程的大节点进行支付（如地下室完成、出地面正负零等）。绿C管理集团、万K集团均要求定金支付，旭H、中原JY等采用固定月费方式。此外，约定人员薪资项目据实列支的情况，按双方协商约定的人员薪资水平，每月由项目直接支付给派遣人员。

（2）B类代建。

B类代建项目取费方式有以下几类（表3-12）：以工程总投资为基数按比例取费、销售额为基数按比例取费、建筑平方米单价取费、建安费平方米单价包干取费、“代建企业+EPC总承包”联合体管理费再分配取费。以下，以商品房开发项目、公建类项目、金融机构投资经营性房产项目和纾困项目为例，分析代建服务费取费方式，并依据分析结果提出代建服务费取费构成。

表3-12　代建服务费取费方式

B类代建				
工程总投资比例	建筑面积（可售面积）	销售额	建安费平方米单价包干	房地产企业+联合体投标，管理费再分配
3%～5%	100~500元/m²	3%~5%（商品房及其他），1.5%（保障房）	项目建安费按平方米单价包干，结余部分为代建费。部分项目设奖励费。	房地产企业+联合体投标，涉及项目可研、方案、勘察设计、招投标、施工总承包等的管理费叠加后进行重新分配，确保代建盈利
绿C、金D、龙H、万K、建F	中原JY 绿C	中原JY、旭H	绿C、建F	绿C

①各类项目取费方式。

1）商品房开发项目。

商品房代建以单独代建、代建+销售模式居多，中原JY要求物业管理必须由中原JY承接，为代建+销售+物业模式。代建费由建设过程的代建服务费和销售阶段的代建服务费构成。商品房代建取费与委托方协商确定，并通过代建合同进行约定。通常有两种取费形式，一种为工程总投资比例，3%～5%；另一种为销售额比例，1.5%～10%（含人工费和品牌使用费）。双方谈定代建费比例中，除提供前述服务内容外，还包括代建奖励费和品牌使用费，市面上品牌使用费通常收取销售额的1%（金D有收取0.5%的情况）。不论是哪种取费形式，均有派遣人员薪资项目单独列支的情况，派遣人员薪资由项目按月支付给派遣人员（见表3-13）。

代建服务费支付方式共有三类，其中按销售额比例计代建费的情况有两类，一是销售前按固定月费支付，销售后按销售额比例支付；二是开工前按固定月费，开工后按照固定月费+销售额比例（浮动费用）进行收费，其中固定月费占代建费的50%左右。按工程总投资比例计代建费的情况，开工前按固定月费支付，开工后按施工发生额比例或里程碑节点支付。

表3-13 商品房开发项目代建服务费取费

<table>
<tr><th>代建</th><th colspan="2">代建+销售</th><th colspan="2">代建+销售+运营（物业）</th></tr>
<tr><td rowspan="2">龙H工程总投资3%～5%
绿C：工程总投资3%
中原JY：销售额1.5%
人工费单列</td><td>纯代建</td><td>股权代建</td><td>纯代建</td><td>股权代建</td></tr>
<tr><td colspan="2">金D（含人员薪酬+品牌费）：4%～6%
龙H代建代销：3%～10%
朗S：2%～4%
旭H：销售额3%～5%，部分项目10%左右入股，小股操盘。
人工费单列</td><td colspan="2">中原JY：销售额3%
（含品牌费、人工费单列）
中原JY溢价部分：20%
人工费单列</td></tr>
<tr><td>绿C、金D、龙H、中原JY</td><td>中原JY
绿C、朗S
厦门建F</td><td>旭H、金D
中原JY</td><td colspan="2">中原JY、金D、旭H、龙H</td></tr>
</table>

综上所述，根据代建企业服务内容将商品房代建项目盈利模式分为三类，即建设代建盈利模式、建设销售代建盈利模式和建设销售物业代建盈利模式。建设代建盈利模式，收入为工程总投资或销售费一定比例的代建服务费和结余奖励。建设销售代建盈利模式，收入包含代建服务费、品牌费、结余奖励和销售奖励等。建设销售物业代

建盈利模式，收入包含代建服务费、品牌费、物业管理咨询费、结余奖励和销售奖励等。三种模式的支出主要为人工费，派遣人员薪资由项目单独列支。代建服务费、品牌费、物业管理咨询费、结余奖励和销售奖励等均由双方谈判确定，因此可以令代建服务获得相对合理的报酬，不带销售的情况约为工程总投资额的3%～5%，带销售的情况约为销售额的2%～6%。

2）公建类项目（企业自持物业类）。

公建类项目代建服务费取费通过委托方和代建方协商决定或通过招投标确定。“仅代建”和“代建+运营”两种模式中的代建部分，代建服务费通常为工程总投资的3%～5%，个别项目有特殊要求的情况还会更高，例如华R中金项目高达6.6%。运营阶段管理费在运营管理服务合同中约定，但建设期间提供运营管理咨询的服务费会在代建服务费中有所体现。

代建服务费支付在项目开工前按固定月费支付，在项目开工后按施工发生额比例或里程碑节点支付。

综上所述，公建类企业自持物业的盈利模式较为简单，代建服务费是收入，人工费是主要支出。因为是非财政资金投资项目，代建服务费可由双方协商确定，无需通过人工费项目单列直接支付等方式来解决代建服务费过低的问题。因此类项目购买服务与支付成本关系清晰，盈利模式简单明了。

表3-14　公建类项目代建服务费取费

代建	代建+运营
通过招标或协议约定代建费，签订代建合同。 工程总投资比例取费。 绿C金华：3%/绿城成都：2%～3% 旭H：3%～5% 金D：3%～5% 龙H：3%～5%/龙湖大家保险3%～4% 中国中T：3%～4% 华R中金：6.6%	通过招标或协议约定代建费，签订代建合同。 分段取费：代建费+运营管理咨询费 运营管理费：项目竣工使用后开始收费
金D、旭H、绿C、龙H、华R、中国中T	绿C、龙H

3）金融投资机构经营性房产项目。

金融投资机构经营性房产项目主要来源于金融投资机构或数位自然人投资组合，资方拥有资金，需要解决项目用地和项目开发的问题。代建企业服务内容包括前期用地选取、产品规划、项目可行性分析等，项目实施阶段从用地取得、项目建设到交付的全过程，以及销售、转让变现和运营管理等项目全生命周期服务。金融投资机构将房产项目作为投资一类，注重的是投资收益，并不熟悉房地产开发业务，需要代建企业提供全方位、全周期服务。现阶段，我国这类项目总量不大。投资收益是关键决策条件，金融投资机构会对项目提出明确的利润指标，代建企业提出的项目测算结果是否能满足利润指标要求、风险分析是否全面完整，是否有完善的保障措施等也是影响决策的必要条件。

经营性房产取费与企业自持物业类似（表3-14），非销售类房产代建服务费约为工程总投资的3%～5%，销售类房产代建服务费为销售额的3%～5%。前者有金D、龙H，后者有旭H。此外，还有通过设定结余激励、对赌条款等增加代建收入的方式。

非销售类房产和销售类房产支付方式不同，前者开工前按固定月费支付，开工后按施工发生额比例或里程碑节点支付代建服务费。后者开工前按固定月费支付，开工后按照固定月费+销售额比例（浮动费用）进行，其中固定月费占代建费的50%。

综上所述，金融投资机构经营性房产项目的盈利模式分非销售型房产盈利模式和销售型房产盈利模式。非销售型房产代建服务费包括建设过程服务费和运营咨询费，取费为工程总投资的3%～5%，派遣人员薪资由项目单独列支。销售型房产代建服务费按销售额比例收取，约为销售额的3%～5%，含派遣人员薪资。运营管理费在项目交付后由委托方与代建方另行签订合同约定。

4）纾困项目。

该类型代建项目主要为一些不良资产，如资金链断裂停工的住宅楼，由于市场定位不准、操盘力差导致项目招商难的商业或商办项目等。代建服务内容包括项目策划、项目改扩建、投融资咨询服务以及销售或资产转让服务和资产管理服务。项目策划、项目改扩建、投融资咨询服务和销售是非整体出让类销售型纾困项目的服务内容；项目策划、项目改扩建、投融资咨询服务或前三者加资产管理和转让服务是整体出让类纾困项目服务内容。纾困项目对代建企业在投融资方面有绝对要求，可以是协助委托方与金融机构对接，也可以是代建企业直接参与融资。融资成本和项目测算盈利水平是核心决策条件，经营资源、区域去化能力、投资机构资源也是决策的必要条件。此外，还应具备同类型项目经验、强势投资控制能力等。

纾困项目代建服务费取费方式与同类型商业委托代建（企业自持物业和商品房项目）类似，但取费标准略低于商业委托代建，整体出让类纾困项目代建服务费取费约为工程总投资的3%～5%，非整体出让类销售型纾困项目代建服务费取费约为销售额的3%～5%。前者有金D，后者有旭H。此外，纾困项目会另行设置结余奖励、营销奖励、运营奖励等，满足代建服务的要求。

整体出让类纾困项目代建服务费支付方式为开工前按固定月费支付，开工后按施工发生额比例或里程碑节点支付。非整体出让类销售型纾困项目按照固定月费+销售额比例（浮动费用）进行收费，其中固定月费占代建费的50%。

综上所述，纾困项目盈利模式分整体出让类盈利模和非整体出让销售类盈利模式，前者指委托方自持或在资本市场转让的项目，项目产权为整体产权，代建服务费约为工程总投资的3% ~ 5%。后者指在C端市场销售的项目，项目产权拆分为多个单元出售，代价服务费为销售额的3% ~ 5%。纾困项目一般设有奖励费，鼓励代建企业发挥自身优势，提升代建服务盈利率。纾困项目代建服务费取费如表3–15所示。

表3–15 纾困项目代建服务费取费

（融资）+代建	（融资）+代建+销售	（融资）+代建+运营
企业利用自身建设管理优势操盘项目。通过协商决定是否融资。 代建费+（融资服务费）：工程总投资的3% ~ 5%+奖励费 金D：代建费（同商业代建）+奖励 龙H：东方、长城资产重组项目 绿C：代建费同商业代建 旭H：代建费同商业代建	企业利用自身管理和营销优势盘活资产，增加产品溢价实现盈利。 保底代建费+融资服务费：销售额的3% ~ 5%+营销激励 旭H：销售额3% ~ 5% 厦门建F：纾困商品房项目 绿C管理：代建费收取模式同商业代建	引入资本和企业运营资源，通过后期运营改善资产状况。 代建费+融资服务费+运营咨询费： 工程总投资的3% ~ 5%+奖励费 运营管理费在项目交付后另行签订合同约定
金D、龙H、绿C管理、旭H	绿C管理、蓝C、厦门建F、金D	绿C管理、金D、旭H

综上，B类代建项目取费由以下四项构成：委托开发管理费、派驻团队基本管理费、业绩奖励费和品牌费。各项采用哪种取费基数和取费标准由委托方和代建方协商确定。其中，平方米单价计费方式常见于住宅开发项目代建。

以下，编制组在现有数据的基础上进一步拆分，形成代建费中各项的取费基数、取费标准。由于调查范围有限，表3–16不能涵盖所有情况，仅供参考。

表3–16 代建服务费取费构成

序号	项目	取费基数	取费参考	备注
1	委托开发管理费	工程总投资额	3% ~ 5%	主要适用于政府工程或销售难度大、自持比例高、配套规模大的项目，通常包含工程管理代建

续表3-16

序号	项目	取费基数	取费参考	备注
1	委托开发管理费	销售额	3%～5%（商品房及其他） 1.5%（保障房）	主要适用于以销售为主的、售价和利润较高的项目，通常包含工程管理代建+销售代理
		建筑面积（可售面积）	100～500元/m²	主要适用于政府工程或者不宜以销售额计费的项目，销售难度大、施工难度大、配套规模小的项目，通常包含工程管理代建。 此数值为基础管理服务费，溢价管理服务费见项目3
2	派驻团队基本管理费	人员薪酬（工资+社保+福利）及其他	—	—
3	业绩奖励费	委托开发管理费比例	10%左右	—
		销售溢价	中原20%	—
4	品牌费	销售额	1%	取决度品牌溢价能力；可单独收费，也可经协商与项目1合并收费
		建筑面积	100元/m²	

说明：

1.本表参考绿C管理等多家代建企业信息作成。

2.根据项目难易度、复杂程度、委托方对派驻人员要求、销售情况等协商决定取费。

3.一般不含报批报建之前的投资决策阶段。如提供该阶段服务，则需要单独列支。

在支付方式上，代建服务费支付在项目开工前按固定月费支付，在项目开工后按施工发生额比例或里程碑节点支付。

3.2.2 优秀经验提炼

不同企业在代建市场的商业模式各不相同，基于上述分析，以下选取行业内的典型代表企业，对其商业模式进行总结：

1.绿C管理

（1）政府委托代建：占绿C管理收入的25%，以保障房项目为主，毛利率约为41%。

（2）商业委托代建：占绿C管理收入的66%，毛利率约为45%。

（3）其他服务：占绿C管理代建收入的9%，主要为绿C中国投标交由绿C管理代建的收入，以及对外的建筑设计及其他咨询服务收入。毛利率约为74%。

绿C管理2021年新拓项目代建费约为310元/m²，全年净利润率约为25%。

保障房项目户型较为单一，项目体量较大且开发周期短，代建需投入的人力较少，代建利润率较高。

在商业委托代建中，绿C管理通过引入对赌机制，拓展全生命周期服务体系，构建平台做大市场份额，将上下游委托方及供应方资源整合到统一平台体系内，降低项目成本以实现利益最大化。

2. 金D管理

金D管理的代建优势最终体现在“理科金D”精打细算的开发经营能力上。

（1）政府委托代建：占金D管理代建类项目的10%，按政府取费标准收费，最高不超过3%，一般处于亏损状态。

（2）商办代建项目：占代建类项目的20%，基本处于亏损或保本状态。

（3）住宅类代建项目：占代建类项目的70%，通过品牌授权、配资、对赌协议等方式增加收益，代建费费率按售价的2%～5%记取。此类项目为金D管理的主要盈利点。

金D管理2023年客户结构调整为70%是国企和上市企业。其中，国企以地方城投为主，上市企业大部分以非地产行业比如科技企业总部虎牙、深信服等为主。调整后的客户结构比传统地产客户结构更安全、受政策影响更小一些；另外，金D管理在2022年，2023年新增拓展80%以上都在一、二线城市，且很多处于金D集团深耕地界，今后的去化销售相对更有流速和保障。

金D管理整体利润率为20%～30%。

金D管理通过政府委托代建项目提升代建品牌、打造良好的政企关系；承接商办代建项目提升公司的知名度，以更好地承接优质住宅代建项目。

住宅类代建项目是代建业务的主要盈利点。金D管理依托自身品牌、项目管理、营销等专业优势，承接非前100房企的住宅代建项目，代建收益一般为项目销售总额的2%～5%。

金D管理具有很强的产品力，打造了“广域、多风格、多类型”的产品谱系。能适应不同城市、不同地块的个性化匹配诉求，保证销售业绩的稳定性。

金D管理把服务力提上战略高度，强调代建核心需要二元能力，强调服务力与专业价值创造力一样重要。

金D管理具有很强的特色服务能力，能在10天完成打造行业独有的“成本管理策划书”，提高委托方对成本管理的信任分。

3. 华R置地

华R置地主要承接市政、学校、文体等政府委托项目代建，占代建项目总数的98%，按政府取费标准，最高不超过3%；市场化代建仅为补充（主要为华R置地临近项目，如后海中金大厦等），代建费率为项目投资额（不含地价）的6%～8%。华R代建项目基本保本或微利（盈利5%～10%）。

华R置地依靠省吃俭用（主要较依靠项目人员兼职、降低后台人员数量减少人工成本，例如后台人员不超过10人，比例为2.5%）做到项目基本保本或微利。代建目的在于加强政企合作、推广公司品牌，并为华R置地其他产业链导入资源（如更新项目的优先权及后期运营等）。

由上述分析可见，在经济新常态下，我国房地产行业发展迅速，呈现扩张趋势，部分企业对房地产行业发展保持信心，新的企业不断涌入房地产行业，增加了房地产市场竞争，在行业快速扩张的同时会伴随着一些风险，如市场秩序混乱、企业经营风险增加。过去十年，房地产行业从业人员也在不断上涨，行业竞争进一步加剧，竞争从传统的住宅方面延伸到整个产业链的不同环节，如养老、商业、旅游等方面。根据《2020 中国房地产开发企业500 强测评研究报告》并结合市场二八法则，销售额排名前十的房地产企业销售额占整个行业销售额的22.52%，这说明资源更多的倾向于强者。房地产行业呈现“马太效应”，不同规模的房地产企业扩张速度呈现分化趋势，体现在大型房地产企业扩张步伐处于缓慢状态，中型房地产企业扩张速度变快，小型房地产企业逐渐失去竞争优势，慢慢退出房地产市场。

在当下建筑业转型的关键时期，寻找新的发展模式是企业可持续发展的必由之路。该模式便是代建业务模式。项目开发能力是代建企业的经营之道，所以，企业可以充分发挥其核心能力和核心争力，加大代建业务的投入比例，推动企业转型，从一开始只做传统的房地产业务转向兼营轻资产代建业务的发展模式，在最大程度上发挥出品牌的价值，展现出最优秀的专业技术。此外，代建业务的开展，不仅能提高收益，锻炼人才队伍，还能够履行国企应尽的社会责任。通过建造更多高品质的绿色、低碳、智慧的产品，服务更多的业主，承担企业社会责任，完成企业的使命。

3.3 问题分析

近两年，市场化代建随着房地产企业的积极参与，发展迅速，但是在实际项目操作过程中，市场反馈还存在很多问题与障碍。以下从行业层面、市场层面分别分析现阶段市场化代建存在的问题。

1.行业层面

从2004年国务院发布《关于投资体制改革的决定》（国发〔2004〕20号）文提出对非经营性政府投资项目加快推行“代建制”以来，政府投资项目代建模式已经实施多年，一方面，一定程度上提高了政府投资项目的管理效率和专业性，政府部门能更专注于投资研判与过程监管；另一方面，纲领性文件后，缺乏具体实施措施与保障措施的支撑，政府监管依据不足、市场认知不统一阻碍了代建行业的健康发展。主要表现在以下三个方面：

（1）顶层制度设计有待进一步完善。

市场化代建行业目前缺乏针对性的政府指导文件及相关标准规范，也没有专门针对代建的监管制度与标准，导致监管力度不强，不利于代建行业的整体发展。

代建业务服务内容、权责范围、取费标准等不明，而针对代建企业和项目的评价标准缺失，导致对代建企业和代建项目缺乏第三方公允的评价。一方面无法为代建企业发展、代建项目招投标提供支持；另一方面代建方的权益无法得到保护。

代建业务的市场监管执行工程项目建设管理相关规定，没有专门针对代建的监管制度与标准。企业鱼龙混杂，在订单争夺战中，恶性竞争、无底线竞争也是阶段性常态。

中央和地方政府对代建的推动都集中在政府投资项目方面，商业委托代建和资本委托代建完全依靠市场机制运行。例如针对小股融资代建没有针对代建企业的融资政策，代建企业得不到实质的支持。因此，亟需明确代建业务在市场中的作用，从宏观层面引导和支持资本市场面向代建提供融资服务，建立融资通道，制定融资规则，明确融资方法和路径。

（2）法律地位缺失。

代建企业非五方责任人之一，无法切实履行合同，在报批报建等工作中身份尴尬；国务院发布的《关于投资体制改革的决定》（国发〔2004〕20号）文中对代建单位的定义为“专业化的项目管理单位”，并未进一步明确代建单位的法律地位。财政部504号文仅对代建项目收费做出规定，并未对代建单位的权责做明确规定。上位法的缺失，导致在实施过程中，建设管理部门和监管单位对代建企业的建设主体责任不认可，合同约定代建企业职责无法履行，代建合同约定的各方责任不能履行到位，造成管理漏洞。部分地方政府项目代建，也因政府投资监管的要求，逐渐转变为全过程咨询。

（3）取费标准脱离市场。

政府投资建设工程费率低，民间投资代建项目取费标准不明确。政府投资建设工程方面，有财政部504号文和各地政府发布的取费标准为依据，但504号文规定政府投资建设工程代建项目费率按照工程总概算计算，为工程总概算的2%～0.4%，费率相对较低。据调查，绝大部分政府委托代建项目代建管理费无法覆盖企业支出，项目不盈利或亏损。代建企业为减少亏损，通常会减少派驻人员或降低服务标准，不利于项目实施，也会对代建企业品牌造成负面影响。因此，除部分国资控股代建企业外，其他代建企业承接政府项目的积极性不高。

民间投资代建项目方面，代建管理费通常由委托方和代建方协商确定或通过招投标确定，取费方式也多样化，有代建服务费、总投资额结余奖励、销售奖励等，取费标准不明确，导致委托方无法合理控制服务内容和服务水平，对代建方要求过高过严而引发双方信任危机，提升项目风险。

2. 市场层面

市场化代建在市场层面还面临诸多挑战，除了上述提到的取费标准脱离市场外，还有以下四点尤为突出：

（1）无契合市场需求的准入资质标准。

代建招投标的准入资质与客观需求不匹配。政府投资项目代建招投标时，对投标单位资质的要求不仅限于房地产，设计、总承包、监理、咨询等也被认可。但在代建服务方面，房地产企业开发经验丰富，具备天然优势，在建设工程的系统性管理方面优势凸显。从综合维度看房企优势非常明显，政府投资项目招投标时应客观考虑项目需求，明确代建企业资质要求。

（2）服务意识欠缺。

代建本质是服务业，服务力才是竞争力之关键。大多代建企业都是直接从房地产开发领域直接“平移能力”到代建企业，往往忽视了房地产企业开展代建业务需完成甲、乙角色转换，服务意识不足。另外，代建企业服务力体系短板也在损害代建合作。比如代建行业还在初期，代建双方也都不成熟，加上房地产代建开发本身需要成千上万的重要决策，一旦磨合不好，沟通不畅就容易产生分歧，加剧矛盾，这也是这两年代建行业虽然大爆发，但合作过程中代建毁约率也是居高不下的原因之一。

应该说，代建高解约率核心并非开发专业度不够，更多还是服务意识、服务能力、服务体系建设严重不足。这也是目前商业代建领域常见的典型问题。

代建企业出现问题的核心在于合作过程中代建企业往往自身旱涝保收，但却没有为委托方创造真正的增值价值，形成了“一输一赢甚至直接收不到代建费的双输”非良性格局。比如很多项目产品力强，但却缺乏经营思维，产品去化销售不佳，又或者销售较好，但项目目标成本失控，最终项目结算时反而出现亏损。

（3）审批流程不高效。

代建项目在代建服务合同签订时没有明确代建方与委托方的审批权限、审批流程以及审批责任人等，在实施过程中，业务审批通常需要先走代建企业内部流程，然后走委托方流程，双重审批耗时过长。此外，由于代建企业不了解委托方审批流程，紧急情况下无法实现有效的联系沟通，这也是造成管理效率低下的另一个原因。

（4）代建回款不及时。

地方政府对房地产销售资金的监管，导致与销售额挂钩的代建费不能及时支付给代建企业，加大了代建企业的经营压力。同时，代建费与业主支付能力有很大关系，销售低迷时代建费回款更加困难。

3.4 开展市场化代建业务建议

本节针对计划开展市场化代建业务的企业，提出相应的发展建议。假设建议对象企业为地处珠江三角洲，且具备房地产开发业务的地方国企。

企业开展市场化代建业务前，应根据企业发展基础和SWOT分析结果，定位市场化代建服务对象、服务内容，打造专业服务品牌，确立企业代建业务发展战略，实现代建业务的专业化可持续发展。而企业的员工，也应转变观念，从“甲方”视角向“乙方”视角转化，以持续的、稳定的为委托方创造效益。

3.4.1　业务构成

如前所述，营利性较好的代建企业商业委托代建占比较高，地方国企政府项目占比较高。头部代建企业的业务结构通常由占总收入30%或更少的收益低的A类代建（表3-5）项目和占总收入70%～80%的收益高的B类代建项目构成。

结合企业自身实际情况，在代建业务开展初期应积极承接A类政府投资建设项目，同时尽量争取承担B类代建项目，并逐步扩大占比，解决代建业务板块收入问题，提升盈利水平，实现代建业务板块的良性发展。

3.4.2　服务内容

在开展代建业务的前期，企业充分利用现有资源，将代建业务部门与企业地产板块资源共享结合，参与建设项目的规划设计、施工管理至竣工交付的过程。即服务内容选择“工程管理代建”。

随着业务能力的提升，可以逐步增加服务范围如前期策划、项目定位等，逐步增强产品力，打造属于企业特有的产品线，实现服务项目“建设全过程代建”。

后期，可拓展与企业物业管理公司合作，完善售后服务，实现“建设全过程代建”+“物业管理”。以此提升代建服务品质，突破现行代建业务取费体系，提高代建业务利润。

3.4.3　权利责任

1.权利义务划分

企业作为代建方，应为代建合同民事责任主体，具有支付审批权和定标建议权，掌握对质量、进度和安全有重大影响的材料设备的采购定标权。定标建议权可以通过参与招投标条件设置、联合编制招投标文件、参与评标和定标来实现。

除上述权利外，在与委托方谈判时，为提高项目操作周期与效率，尽可能去争取获得项目的财务审核权、进度审核权、定标审核权、造价咨询招标、定标管理权。但同时需注意，始终明确委托方为行政责任和刑事责任主体。

2.合同签订方式

代建合同由企业和委托方签订两方合同。与各参建单位之间的合同，建议由各参建单位与委托方签订两方合同，企业依据代建合同约定，对参建单位行使管理权。针对选择市场化代建、且自身缺乏专业建设管理经验的委托方，出于规避风险的要求，提出签署三方合同的情况，如果双方均为国企，有信赖的基础，可应委托方要求签订三方合同。三方合同有建设单位、参建单位、代建企业的甲乙丙合同，也有建设单位、代建企业、参建单位的甲1甲2乙合同。无论是哪种合同，建议依据主体职责的划分在合同中明确代建企业的地位和权责。

合同中应明确工作界面：针对政府投资公建类建设工程，企业承担建设管理和投资管理的工作。建设管理包括项目策划、报批报建、勘察设计、招标采购、施工管理、监理管理、交付管理等从立项至项目交付全过程。投资管理包括参建单位招投标管理和合同价款支付管理等。

3.4.4 组织管理

1.人员构成

坚持以项目定团队，动态扩展。明确代建业务部人员由三部分构成：即固定人员+共享专业技术人员+后台协同人员。固定人员根据业务拓展及时补充；共享专业技术人员根据项目需要从地产等部门抽调，抽调人员薪酬在代建业务起步期建议由原部门承担，随着业务的发展逐步向两部门共同承担和代建部门单独承担转变。后台协同人员指企业总部和各职能部门人员，参考地产开发项目配备相同人员支持项目开发建设、投资管理等。

（1）项目层面。

设立包括综合部、设计部、招标合约部和工程部的最小项目单元。

综合部包括项目经理、综合管理负责人、报批报建专员和项目文员等。项目经理负责全面统筹项目策划、报批报建、勘察设计、招标采购、施工、竣工验收与质保等阶段的全过程项目管理工作，并保证项目全寿命周期高质高效地完成建设。综合管理负责人负责项目函件处理、信息化管理、党建宣传、会议组织等工作。报批报建专员负责完成项目建设过程中各项报批报建工作。项目文员负责项目档案管理工作。根据项目规模不同，综合管理负责人可兼职项目文员工作，项目经理也可以负责报批报建工作。

设计部包括设计管理负责人、建筑专业工程师、结构专业工程师、装修专业工程师、给排水专业工程师、暖通专业工程师、强弱电专业工程师、景观专业工程师及其他专业工程师。其他专业工程师指依项目情况设置的BIM、幕墙专业等工程师。设计管理工作通常由总部设计管理部门派遣专员，一位设计管理人员会兼任两个或多个项目，给排水、暖通和强弱电专业工程师兼任项目数量适当增多。

招标合约部包括造价合约管理负责人、土建造价工程师、安装造价工程师以及招标工程师等。造价合约管理负责人统筹负责整个项目投资管理、招标管理、合同管理与工程结算管理。土建造价工程师负责土建工程造价管理。安装造价工程师负责安装工程造价管理。招标工程师负责招标采购管理和合同管理，项目规模较小时，造价合约管理负责人兼任该部分工作。

工程部包括现场管理负责人、土建专员、给排水专员、暖通专员和电气专员。现场管理负责人负责对工程监理及施工过程的各项工作进行监督和管理。各专员负责该专业的现场管理工作。土建专员通常专职专管，给排水、暖通和电气专员通常同时承担几个项目的管理工作。工程质保通常指定一位工程维保负责人，再根据项目规模配备1~2人配合工作。工程维保负责人负责项目移交后工程质保期内的工程质保工作。

参考全咨、监理相关标准、房地产开发企业和代建企业项目人员配置要求，提出不同规模项目组人员配置要求和项目部各阶段人员配置要求。由于资料有限，表3-17和表3-18仅供参考。

表3-17 不同规模项目组人员配置（参考）

工程概算投资额	人员配置					
	综合/财务/前期部	设计部	招标合约部	工程部	合计	后台协同人员
6亿元以下	1~2	0~1	1~2	2~3	4~8	3~4
6亿~10亿元	3~4	2~4	1~2	3~6人	9~16	5~8
10亿元以上	4~5	2~4	2~3	6人以上	15人以上	8~12

说明：

1.综合参考相关项目资料，基于一般建设项目拟出；

2.配置人员具备3年以上同类业务工作经验。

表3-18 项目部各阶段专业人员配置（以10亿元以上项目为例）

<table>
<tr><th colspan="2" rowspan="2">服务岗位</th><th rowspan="2">工作职责</th><th rowspan="2">服务人数</th><th colspan="7">各阶段最少服务人数</th></tr>
<tr><th>方案与可研</th><th>初设</th><th>施工图</th><th>施工准备</th><th>现场施工</th><th>竣工收尾</th><th>工程维保</th></tr>
<tr><td colspan="2">项目经理</td><td>全面统筹项目</td><td>1</td><td>1</td><td>1</td><td>1</td><td>1</td><td>1</td><td>1</td><td>0.3</td></tr>
<tr><td>综合部</td><td>综合内务（项目文员等）</td><td>负责项目函件处理、信息化管理和归档等工作</td><td>1</td><td>1</td><td>1</td><td>1</td><td>1</td><td>1</td><td>1</td><td>0.5</td></tr>
<tr><td>财务部</td><td>会计出纳</td><td>项目资金管理</td><td>2</td><td>2</td><td>2</td><td>2</td><td>2</td><td>2</td><td>2</td><td>0</td></tr>
<tr><td>前期部</td><td>报批报建专员</td><td>负责完成各项报批报建工作</td><td>1</td><td>1</td><td>1</td><td>0</td><td>1</td><td>0</td><td>0</td><td>0</td></tr>
</table>

续表3-18

服务岗位		工作职责	服务人数	各阶段最少服务人数						
				方案与可研	初设	施工图	施工准备	现场施工	竣工收尾	工程维保
设计部	设计部经理	统筹负责整个项目设计管理工作	1	1	1	1	1	1	1	0
	建筑专业工程师	负责建筑专业设计管理工作	1	0	0.5	0.5	0.5	0.5	0.5	0
	结构专业工程师	负责结构专业设计管理工作	1	0	0.3	0.3	0.3	0.3	0.3	0
	装修专业工程师	负责装修专业设计管理工作	1	0	1	1	0	1	0.5	0
	给排水暖通强弱电专业工程师	负责各专业设计管理工作	1	0	0.3	0.3	0.3	0.3	0.3	0
	景观专业工程师	负责景观专业设计管理工作	1	0	1	1	0	1	0.5	0
招标合约部	造价合约管理负责人（兼职招标工程师）	负责整个目投资管理、招标管理、合同管理与工程结算管理	1	0	1	1	0.5	1	1	0
	土建造价工程师	负责土建专业投资管理	1	0	1	1	0.5	1	1	
	安装造价工程师	负责安装专业投资管理	1	0	1	1	0.5	1	1	

续表3-18

服务岗位		工作职责	服务人数	各阶段最少服务人数						
				方案与可研	初设	施工图	施工准备	现场施工	竣工收尾	工程维保
工程部	现场管理负责人	负责对工程监理及施工过程的各项工作进行监督和管理	1	0	0	0	1	1	1	0
	土建专员	负责现场土建管理工作	2	0	0	0	2	2	2	0
	给排水暖通电气专员	负责现场各专业管理工作	2	0	0	0	1	2	0.6	0
	工程维保负责人	负责项目移交后工程质保期内的工程维保工作	（1）	0	0	0	0	0	0	（1）
合计			19	6	12.1	11	12.6	16.1	13.7	0.8

说明：

1. 参考房地产开发项目人员配置做成；

2. 此表仅以总部管到方案为例；

3. 各阶段服务人数指1人多项目兼职的情况；

4. 不含销售阶段；

5. 上述驻场人员在满足合同的情况下可以进行动态调整，以此扩大代建项目规模，技术专业人员在各个项目间实现共享，摊薄单位人力成本。

（2）公司层面。

经过一定发展阶段后可参考业内常见做法，企业可成立独立法人的代建项目公司。承揽代建业务，合理进行税务筹划，同时有利于分割集团代建业务与集团房地产开发业务的财务及安全生产风险，同时承接部分项目完成后的富余人员。

独立法人成立初期不完全独立，与集团资源共享；代建业务标准化管理体系及核心标准完成后，完全独立法人化。

公司层面组织架构上确立代建事业部与地产开发、城市更新等现有业务处于同等级别，分管领导由公司副总级及以上领导担任。

不同阶段代建管理部人员配置如表3-19所示。

2. 能力建设

（1）提升政府项目专业化代建能力。根据政府工程项目特点，结合企业地产开发经验，可专注提升政府项目的专业化代建能力，利用自身优势，适应市场现状。

（2）不断提升开发能力。在工程管理代建的基础上，逐步拓展前端投资决策、后端营销代理、运营管理等服务能力，全方位提升项目开发能力。

（3）发挥合规性优势，开展精细化管理，完善相关制度和标准。未来构建数字化管理平台，提升管理效率。

表3-19　不同阶段代建管理部人员配置（参考）

阶段划分	人员配置						
	综合管理部	经营管理部（企划）	财务管理部	合约管理部	设计管理部	代建部门在职	合计人数
起步期（操盘1~2个项目的同时摸索经验）	1~2	（1~2）与综合部并用	（2）房地产板块财务部门兼职	（1~2）房地产板块合约管理部兼职	1~2（建筑专业、结构专业，）	2~4	5~8
发展期（能够同时熟练的操盘3~5个项目）	3~4	（3~4）与综合部并用	（2~3）	（3~6）人	9~11（含建筑结构水暖电景观内装各专业，另每个项目配建筑专业1名）	12~15	17~24
扩张期（标准化初步形成，5个以上项目同时操盘）	5人以上	6~8	4~6	3~6人以上	12人以上	30人以上	30人以上

说明：

1.参考各被调企业资料做成；

2.表中为总部人员配置，不含销售人员；

3.（ ）中的数字表示抽调人员；

4.代建管理部实现管理标准化后，总部人员可减少。

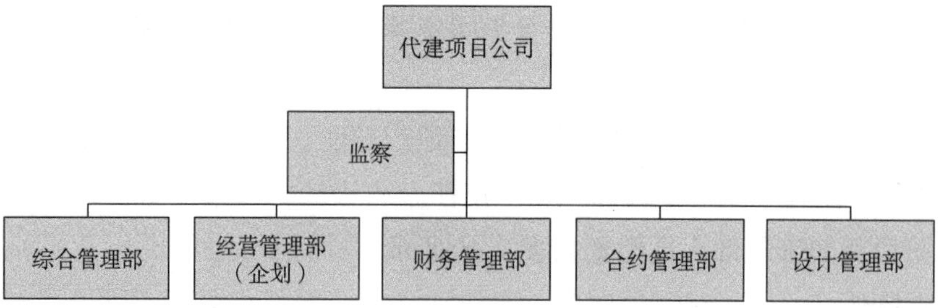

图3-16　代建项目公司组织架构（示意）

（4）发挥与政府部门的沟通协调优势。作为国企，在合规性和政府部门沟通协调层面具有优势，应充分发挥并强化这一优势，在承接政府投资项目方面持续深耕。

（5）吸纳优秀人才。在当前代建行业竞争激烈的背景下，对技术人员的能力建设提出了更高的诉求。在人员选择上，应建立一个新的理念，一方面在企业的开发板块挑选更为优秀的专业人员进入代建项目部，另一方面积极从社会上招聘具有多年地产开发或代建项目经验的技术人员与管理人员。

3. 制度体系

（1）经营层面。

建立健全决策评审机制、权责分配体系、资金管理、文件合同模板、沟通协调机制、后评估制度等。

（2）业务链层面。

制定精细化管理制度，质量管理指引（质量控制要点、样本引领制度、巡检制度），成本管理指引（成本控制、跟踪管理、变更管理），进度管理指引，招采管理标准，派驻人员标准等。

（3）供应链层面。

建立供应商分级标准化体系，并确定相关考核标准和管理制度。

（4）数字化管理层面。

搭建企业数字化项目管理平台，对项目进行在线管理，提升管理效率，同步管理进度（参考金D驾驶舱）。

（5）考核激励层面。

采用固定酬金+公司考核+团队激励的架构，公司考核与团队激励与公司（项目）经营目标、组织绩效和个人KPI挂钩，设定支付前提，激励团队充分发挥积极性，提高公司（团队）运营质量和经营业绩。发展强关联，鼓励向优秀项目团队倾斜，制定项目奖励直接支付项目团队个人的激励机制。将内部团队、项目组的薪酬激励机制与委托方“效益结果”直接挂钩。

具体实施方面，建议设定代建服务费的5%~10%为团队奖励，支付对象为项目团队所有成员，由项目直接支付。

4. 资源整合

提升企业的项目实施能力和品牌影响力。项目实施能力的提升与优质的服务商资源、充实的供应链体系、完善的技术管理标准化和成熟的团队四个方面息息相关，充分发挥企业在地产开发中积累的服务商资源、供应商资源、技术力量和管理实践，编制代建业务服务商名录、供应商名录、代建技术体系、代建项目管理手册等，支持企业代建业务能力的提升。品牌影响力与代建项目实施能力密切相关，良好的代建实施能力为代建项目实施效果保驾护航，高质量代建项目实施效果，支持企业建立国资委代建推荐品牌。

3.4.5 产品引擎

企业应充分吸收头部企业的优秀经验，调研分析国家、地方国有企业投资建设项目，分类归纳整理项目特点，针对各类项目，在充分市场调研的基础上，依托房地产板块积累的经验，编制代建项目技术体系、代建项目管理体系、代建项目服务体系等，为代建项目实施保驾护航，提高代建业务板块利润率。

建议参考龙头企业的经验，策划《企业代建项目标准体系》，并启动关键标准、工具的编制工作。通过体系的应用，结合实践反馈，逐步构建具有企业代建业务特色的产品引擎。建立以标准化为支撑的，内生增长型产品引擎。

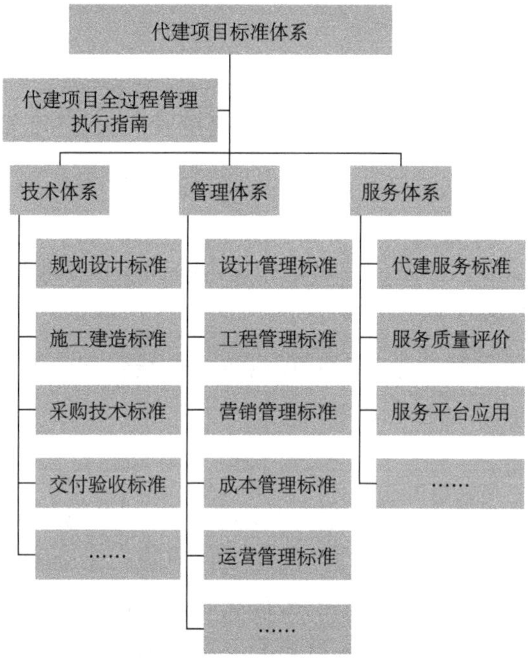

图3-17 代建项目标准体系

3.4.6 项目决策

1.委托方

依托集团的业务发展，首选国资委、城投及其下属二级公司投资的工程项目。

2.区域

初期项目选择坚持属地化原则，利用企业地产开发板块长期深耕地区、抢抓周边辐射区域。

在项目形成一定规模，经验积累足够厚，可以考虑开拓其他区域市场。但需要充分识别并判断高量级且短期可展望放量的区域是否是值得深耕的战略要地，成立属地化团队，前期策划就要做好毛利率低的准备，如果预判后续半年、一年、两年会有持续的代建新项目放量，最终会摊薄成本。

3.项目

以项目测算底线指标（毛利率/净利率）作为决策的主要条件。针对不符合底线指标的项目，可综合考虑项目在品牌建设、团队培养、能力提升、专业市场占有率方面的价值进行决策，并与集团协商调整考核内容和考核指标。非盈利政府投资项目综合考虑其他价值贡献决策。

3.4.7 风险管控

1.市场风险

粤港澳大湾区品牌开发商云集，绿城管理等头部代建企业也积极布局该区域，市场竞争激烈。坚持专业化、差异化发展，专注国企投资项目，坚守项目测算底线标准，不参与恶性价格竞争。

2.运营风险

严格过程管理，制定成本控制和支付管理多层级把控和超预算预警机制，降低经营风险，确保项目利润。

3.品牌风险

通过高质量代建项目交付，打造“国企代建”品牌形象；定期开展品牌点识别，合作伙伴履约信用评价；适时建立品牌培育及测评机制。

4.项目风险

针对集团公司指派的政策性亏损项目，事前与集团公司沟通调整考核内容、考核指标，或采用与其他项目摊销的方法等规避经营风险。针对其他国企投资项目，通过谈判争取合理的代建服务费或采用派遣人员薪资由项目公司负担的方法，实现盈亏平衡。

3.4.8 成本要素

1.取费标准

结合前文给出的企业代建业务构成、项目类型，建议企业代建业务按表3-20取费科目收取代建服务费，以不同取费基数下净利润率作为谈判依据。代建服务费参考项目调研结果和各地政府投资建设工程在代建制推广期间出台的取费政策，争取工程投资总额3%以上的代建服务费，且派驻人员薪酬尽可能谈判由项目负担，可设置10%的项目奖励费，激励项目团队。

建议代建服务费支付采用表3-21的支付方式一，即项目开工前以固定月费支付，争取总代建服务费的40%～50%；开工后按工程发生额比例按月支付，截至项目竣工交付支付至总代建服务费的97%；质保期结束支付剩余的3%。派遣人员薪资由项目公司支付的情况，按月按合同约定薪资水平支付。激励费则在项目竣工后，依据合同约定激励条件评价后支付。

表3-20 市场化代建服务费取费参考

序号	科目	取费基数	取费参考	判定依据	服务内容	适用项目（推荐）
1	委托开发管理费	工程总投资额	3%～5%	不销售或自持比例高、配套规模大的项目	工程管理代建	1.公建类项目（国企自持物业） 2.国企或国有金融机构投资经营性房产（高层商办、产业园） 3.商办等公建类纾困项目（城投）
		销售额	3%～5%	以销售为主、售价和利润较高的项目	工程管理代建+营销代理	1.商品房项目 2.商品房纾困项目
		建筑面积（可售面积）	100～500元/m^2	不销售或销售难度大、施工难度大、配套规模小的项目	工程管理代建	项目类型同工程总投资额项目
2	派驻团队基本管理费（如有）	人员薪酬（工资+社保+福利）及其他	参考当地薪酬水平	派驻人员薪酬由项目公司单列，直接支付	工程管理代建的驻场团队成员	项目单独列支（政府委托项目争取，市场议价项目坚持）
3	业绩奖励费（如有）	委托开发管理费	10%	非销售类项目通常取奖励费	工程管理代建+营销代理	非销售项目
		销售溢价	20%	以销售为主、售价和利润较高的项目		商品房项目
4	品牌费（如有）	销售额	1%	企业品牌影响力	前期可不收取；后期单独取费	商品房项目
		建筑面积	100元/m^2			

说明：

1.取费标准应根据项目难易度、复杂程度、委托方对派驻人员要求、销售情况等协商决定；

2.不含报批报建之前的投资决策阶段，如委托方需要，建议单独列支。

表3-21　代建服务费支付方式（示意）

<table>
<tr><td rowspan="2">方式</td><td colspan="5">代建合同额</td></tr>
<tr><td colspan="3">代建服务费</td><td>派遣人员薪资</td><td>激励</td></tr>
<tr><td rowspan="2">支付方式一</td><td>固定月费
40% ~ 50%</td><td colspan="2">工程进度款比例
50% ~ 60%</td><td rowspan="4">按级别定薪酬

项目公司按月支付</td><td rowspan="4">代建服务费一定比例
10%左右中原JY为销售额2‰
竣工后支付</td></tr>
<tr><td>按月支付</td><td>截至交付支付
47% ~ 57%</td><td>质保
3%</td></tr>
<tr><td rowspan="2">支付方式二</td><td>定金</td><td colspan="2">根据施工期间重要节点
按参建单位进度款比例支付</td></tr>
<tr><td>服务开始前</td><td>截至交付支付
94% ~ 95%</td><td>质保
3%</td></tr>
</table>

说明：

支付方式二中，定金支付的比例根据项目实际情况有所不同，约为代建服务费的1%~10%。

2. 部门成本

代建业务部门（企业）的成本结构如表3-22所示。人员薪酬约占总收入的40% ~ 50%，销售费用、管理费用、财务费用、折旧与摊销等构成的运营管理费占总收入的20% ~ 25%。毛利率20% ~ 40%，扣除所得税后的部门（企业）净利润约19% ~ 33%。中原JY项目派遣人员薪酬由项目公司负担，因此人员薪酬占比仅20%左右，故净利润高达50%。

表3-22　代建业务部门运营成本结构（示意）

<table>
<tr><td rowspan="2">类别</td><td colspan="2">成本结构</td></tr>
<tr><td>科目</td><td>总收入占比</td></tr>
<tr><td rowspan="5">1. 营业总成本</td><td>人员薪酬（含养老、医疗、失业保险）（包括统筹使用人员工资）</td><td>40% ~ 50%</td></tr>
<tr><td>销售费用</td><td rowspan="4">20% ~ 25%</td></tr>
<tr><td>财务费用</td></tr>
<tr><td>管理费用（含研发费用）</td></tr>
<tr><td>折旧及摊销</td></tr>
<tr><td rowspan="3">2. 营业利润</td><td>营业利润</td><td>25% ~ 40%</td></tr>
<tr><td>营业外收入</td><td>—</td></tr>
<tr><td>营业外支出</td><td>—</td></tr>
<tr><td>3. 利润总额</td><td></td><td>25% ~ 40%</td></tr>
<tr><td>4. 税费</td><td>所得税（税前利润20%~25%）</td><td>6% ~ 7%</td></tr>
</table>

续表3-22

类别	成本结构	
	科目	总收入占比
5.净利润		19%～33%

说明：

1.参考绿C管理、中原JY、万K、华R置地2022年财报和财务资料作成；

2.中原JY由于项目派遣人员薪酬由项目公司支付，人员薪酬仅占比20%，因此净利润高。

3.项目成本

1）代建项目成本结构。

A类代建项目管理目标是保本微利；B类代建项目净利润率目标值为20%左右。但对项目抱有特殊要求的情况，可适当降低净利润目标值。特殊要求指对企业品牌建设、集团重资产开发项目有利的情况等。

参考《基本建设财务管理规定》(财建〔2002〕394号)、项目管理咨询成本构成、市场化代建项目成本结构作成代建项目成本结构见表3-23（仅作参考）。表中人员薪资和劳务、办公、差旅、材料等运营经费占项目收入的50%，其他项目奖励费、不可预见费、净利润、管理费和税金占项目收入的50%。为提升项目净利润，可以采用项目现场派遣人员薪酬由项目公司负担或调整项目奖励和管理费的比例。特别是业务开展初期，经验不足，标准化管理制度等不健全，可与集团协商调整管理费比例来实现项目收支平衡。待业务步入正轨，逐步提高管理费比例。

表3-23　代建项目成本结构（示意）

<table>
<tr><th colspan="2">成本结构</th></tr>
<tr><th>科目</th><th>代建服务费占比</th></tr>
<tr><td>人员薪资（含养老、医疗、失业保险）</td><td rowspan="2">25%左右</td></tr>
<tr><td>劳务费</td></tr>
<tr><td>办公费</td><td rowspan="2">25%左右</td></tr>
<tr><td>差旅交通费</td></tr>
<tr><td>劳动保护费</td><td rowspan="5">25%左右</td></tr>
<tr><td>固定资产使用费</td></tr>
<tr><td>零星购置费</td></tr>
<tr><td>资料费</td></tr>
<tr><td>招待费</td></tr>
</table>

续表3-23

成本结构	
科目	代建服务费占比
不可预见费	5%
项目奖励	10%
净利润	20%
管理费	9%
税费	6%

说明：

参考《基本建设财务管理规定》（财建〔2002〕394号）、项目管理咨询成本构成、市场化代建项目成本结构制作。

2）代建项目利润底线测算参考。

建议代建项目利润底线测算参考以下方法：假设代建服务费 = 代建项目人工总支出为项目盈亏平衡点，将代建企业负担人工费设定为：项目经理R_1万元/年，管理岗R_2万元/年，非管理岗R_3万元/年。兼职人员本项目工作占比假定为N（取值0～1）。以下以工程概算总投资约10亿元，总建筑面积约15万m^2的综合体项目为例，计算代建期限为3年的情况下的人工费支出，若人工费支出>代建服务费，则项目不盈利。另外，项目各阶段最少服务人数参见表3-24。

表3-24　项目各阶段最少服务人数（参考）

<table>
<tr><th colspan="2" rowspan="2">服务岗位</th><th colspan="3">各阶段最少服务人数</th><th rowspan="2">是否为管理岗</th></tr>
<tr><th>前期阶段（方案－施工图）</th><th>施工阶段</th><th>竣工收尾</th></tr>
<tr><td colspan="2">项目经理</td><td>1</td><td>1</td><td>1</td><td>是</td></tr>
<tr><td>综合部</td><td>综合内务</td><td>1</td><td>1</td><td>1</td><td rowspan="2">非</td></tr>
<tr><td>前期部</td><td>报批报建专员</td><td>1</td><td>1</td><td>0</td></tr>
<tr><td rowspan="6">设计部</td><td>设计部经理</td><td>1</td><td>1</td><td>1</td><td>是</td></tr>
<tr><td>建筑专业工程师</td><td>1</td><td>1</td><td rowspan="4">多项目兼职</td><td rowspan="5">非</td></tr>
<tr><td>结构专业工程师</td><td>多项目兼职</td><td>多项目兼职</td></tr>
<tr><td>装修专业工程师</td><td>1（根据项目需要）</td><td>1（根据项目需要）</td></tr>
<tr><td>给排水暖通强弱电专业工程师</td><td>多项目兼职</td><td>多项目兼职</td></tr>
<tr><td>景观专业工程师</td><td>1（根据项目需要）</td><td>1（根据项目需要）</td><td>0</td></tr>
</table>

续表3-24

服务岗位		各阶段最少服务人数：前期阶段（方案－施工图）	各阶段最少服务人数：施工阶段	各阶段最少服务人数：竣工收尾	是否为管理岗
招标合约部	造价合约管理负责人（兼招标工程师）	1	1	1	是
	土建造价工程师	1	1	1	非
	安装造价工程师	1	1	1	
工程部	现场管理负责人	0	1	1	是
	土建专员	0	2	2	非
	给排水暖通电气专员	0	2	多项目兼职	
合计		专职8～10人 兼职2人	专职 13～15人 兼职2人	专职9人 兼职5人	

说明：

1. 设计部根据项目需要配置装修专业工程师和景观专业工程师；

2. 多项目兼职人员在该项目的人工费按工时占比计算（取值0～1）。

表3-25　工程概算总投资10亿元项目人工总支出测算表（参考）

期间		人员配置：专兼职	人员配置：合计人数/人	人员配置：项目经理/（R_1万元/年）	人员配置：管理岗/（R_2万元/年）	人员配置：非管理岗/（R_3万元/年）	代建期限：3年	人工费：各阶段薪酬总额/万元
项目实施阶段	前期设计阶段	专职	8	1	2	5	6个月	$B_1=(R_1+R_2\times2+R_3\times5+R_3\times2\times N)/12\times6$
		兼职	2	–	–	2		
	施工阶段	专职	13	1	3	9	24个月	$B_2=(R_1+R_2\times3+R_3\times9+R_3\times2\times N)/12\times24$
		兼职	2	–	–	2		
	竣工收尾阶段	专职	9	1	3	5	6个月	$B_3=(R_1+R_2\times3+R_3\times5)/12\times6$
合计人工支出								$M=B_1+B_2+B_3$

续表3-25

期间	人员配置					代建期限	人工费
	专兼职	合计人数/人	项目经理/（R_1万元/年）	管理岗/（R_2万元/年）	非管理岗/（R_3万元/年）	3年	各阶段薪酬总额/万元
参考504号文取费	0.8% ~ 2%						Q=940 ~ 2000
盈亏判定		Q<M，项目亏损 Q=M，盈亏平衡 Q>M，项目获取一定利润					

说明：

1. 工程概算总投资约10亿元；
2. 总建筑面积约15万 m^{2}的综合体项目，难易度、复杂程度适中；
3. 建设周期假定为3年；
4. 表中人工费为代建单位负担的总人工支出。

参照表3–25，为方便理解，设定三类人的人工支出进行试算。项目经理R_1=60万元/年，管理岗R_2=40万元/年，非管理岗R_3=20万元/年。同时，假定前期设计阶段兼职人员工作占比50%，施工阶段兼职人员工作占比60%。

表3–26 工程概算总投资10亿元项目人工总支出测算表（试算）

期间		人员配置					代建期限	人工费
		专兼职	合计人数/人	项目经理/（60万元/年）	管理岗/（40万元/年）	非管理岗/（20万元/年）	3年	各阶段薪酬总额/万元
项目实施阶段	前期设计阶段	专职	8	1	2	5	6个月	B_1=130
		兼职	2	–	–	2		
	施工阶段	专职	13	1	3	9	24个月	B_2=760
		兼职	2	–	–	2		
	竣工收尾阶段	专职	9	1	3	5	6个月	B_3=140

续表3-26

期间	人员配置					代建期限	人工费
	专兼职	合计人数/人	项目经理/（60万元/年）	管理岗/（40万元/年）	非管理岗/（20万元/年）	3年	各阶段薪酬总额/万元
合计人工支出							M=1030
参考504号文取费	0.8%~2%						Q=940~2000
盈亏判定		取费<1.03%时，$Q<M$项目亏损； 取费=1.03%时，$Q=M$盈亏平衡； 取费>1.03%时，$Q>M$，项目获利					

第 4 章　推广建设工程代建的保障措施

4.1　制度建设

1. 推动地方立法，明确代建单位权责

通过地方立法，明确代建单位的地位和权责，确保其在项目管理和决策过程中具备相应的法律依据和操作权限。具体措施包括：

构建立法框架：制定专门的代建管理法规，明确代建单位的法律地位、职责范围及权利义务，确保其在项目实施过程中能够依法行使职权。

细化权责：在法规中详细列举代建单位在不同阶段的具体职责和权利，如项目前期策划、施工管理、质量控制、资金使用等方面的权责划分。

建立监管机制：设立专门的监管部门，对代建单位的工作进行全程监督，确保其按照法律法规和合同约定履行职责，防止权力滥用。

明确法律责任：明确代建单位在项目实施过程中因失职、渎职等行为应承担的法律责任，包括行政责任、民事责任乃至刑事责任，增强其责任意识。

争议解决机制：建立高效的争议解决机制，如设立专门的仲裁机构或调解委员会，快速处理代建单位与委托方、施工方等之间的纠纷，保障项目顺利进行。

信息透明化：要求代建单位定期公开项目进展、资金使用等情况，接受社会监督，提高项目管理的透明度和公信力。

培训与资质认证：加强对代建单位从业人员的培训，建立资质认证体系，确保其具备相应的专业能力和管理水平。

通过上述措施，可以有效推动地方立法，明确代建单位的权责，为建设工程代建模式的健康发展提供坚实的法律保障。

2. 建立分类管理制度，提升专业化管理水平

从投资模式来看，政府投资项目包括直接投资项目、资本金注入项目以及政府与社会资本合作项目，直接投资项目多为公益性项目，没有直接的财务收益，政府投资的效益体现在基础设施和公共服务条件改善对后续经济社会发展的支撑作用。资本金注入项目多为经营性项目和需要政府予以引导发展的项目，有直接的财务收益，政府

投资的效益体现为对社会资本的撬动、引导作用。政府与社会资本合作项目带有较强的公益性，同时又具备“使用者付费”性质，有一定直接财务收益，政府投资的效益体现在弥补可行性缺口后，能够吸引社会资本进入公共产品和公共服务供应体系，更好、更快地满足公共需求，完善公共服务体系，提高公共服务能力。由于不同项目需求不同，因此，对各类政府投资项目实施分类管理，有利于提高项目建设管理效率和管理质量，做到有的放矢。

从国内外政府投资工程组织实施模式对比分析结果来看，无论是政府投入、政府建设管理，还是引进市场机制、活用市场资源进行建设管理，各国采用模式各有不同。这些不同模式的出现，是在政府投资工程由政府单一供给向市场供给转型的过程中陆续出现的。而市场化供给的主要目的之一是为弥补政府能力和财务的不足，将不必要由政府承担的公共服务职能转移给市场，实现供给多元化；二是引入竞争机制，通过市场竞争和制约降低成本、提高服务质量，即通过公开招标、政府合同出租、特许经营等方式把公共服务项目推向市场。因此，针对不同投资模式，是否要引进市场机制来区分采用不同的组织实施模式是必要的。政府投资工程组织实施模式应实施分类管理，中国香港特别行政区、新加坡、德国针对不同的项目，采用不同的组织实施模式。学习各国先进经验，我国应逐步建立分类管理体系，明确划分政府与市场在工程项目上的边界，可以由市场管理的，坚决交给市场。必须由政府管理的，从提高管理水平角度，不断完善政府投资工程项目管理机制。

（1）非经营性政府投资工程。

根据《关于规范中央预算内投资资金安排方式及项目管理的通知》（发改投资规〔2020〕518号）政府投资资金的安排，对非经营性项目，采取直接投资方式，由政府的机关事业单位作为项目法人单位。这类项目为公益性项目，不产生直接财务收益。中国香港特别行政区和德国均采用政府机关事业单位组织实施模式，该模式有四个优势：一是最能代表公众利益、实现政府意愿最彻底；二是具有细化分工的专业化优势；三是具有“统一建设、集中管理”的规模化优势；四是有利于防止腐败、净化建筑市场环境。

政府设立专门机构组织实施模式，有效地实现了建设权、管理权、使用权和监督权的分离，形成了“工程集中管理、权力高度分散”的监督制约机制，切实解决了多个部门分散监督众多建设单位时监管力量难以集中、监管效果不佳的问题。政府集中管理体制下，管理人员身份的专业化、职业化，不廉洁行为很容易被同行发现。先天的优势，加上内部严格的体制机制作保障，配合健全完善的外部监督约束机制，较好地解决了工程管理人员的腐败问题。同时，依托人脸识别和无人机等信息技术和视频监控手段，在工程现场推行施工行为监控、人脸识别和实名制考勤，提高在建项目质量监管、安全监测、进度控制、材料进场、人员管理等方面的水平，来解决转包挂靠、非法转包等乱象，起到净化建筑市场的效果。

因此，非经营性政府投资工程采用政府设立专门机构组织实施模式，更能体现公益性，公平公正的同时，降低成本、提高管理效益。

（2）经营性政府投资工程。

经营性项目应积极引进市场竞争机制，充分发挥市场的作用。

资本注入方式适用于经营性项目，政府投资平台公司为政府资本注入设立的专业化公司，保障房、市政基础设施等经营性政府投资工程多地采用了政府投资平台模式，该模式统一了所有（投资）、建设、运营各方，责任归属明晰，平台公司作为项目法人，为项目提供从策划、投融资到设计、施工、交付的全过程管理。

中国香港特别行政区、新加坡、德国均有采用此类模式。在撬动、引导社会资本方面，项目融资与项目采用新技术、新工艺、新产品对社会资本的引导作用明显。在引进市场化竞争机制方面，中国香港特别行政区在项目实施层面，采用DB、交钥匙等大总包模式，实现充分的市场竞争；新加坡则把国企与民企放在同等竞争地位，从项目策划到实施完成全过程引进竞争机制；德国与中国香港类似，针对实施层面优选第三方项目管理公司，参与项目实施，发挥专业咨询或带决策权的专业管理职能。

我国的政府投资平台公司模式经过近20年的发展，已经形成一套较为成熟的运营管理机制，市场化代建也被积极采用，但由于权责主体不明，代建单位并不能发挥既定的作用，反而增加了管理成本和难度。应深入分析业务内容和目标，明确划分政府平台公司与市场化代建业务及其他咨询业务的工作边界，在明确需求的基础上，科学选择市场化服务种类和内容。

3. 发布代建合同范本，规范代建管理

参考日本、美国、新加坡以及中国香港特别行政区的建设管理合同范本，编制我国代建合同范本。合同范本中，应详细规定代建单位与委托方之间的权责边界，确保双方在项目实施过程中各自职责和权限，避免因权责不清导致的纠纷。此外，在代建合同中明确代建单位参与项目的内容和时间节点，避免代建单位发生不必要的投入。具体包括：

项目前期策划：明确代建单位在项目可行性研究、方案设计、报批报建等环节的具体职责和权利，确保项目前期工作的顺利进行。

施工管理：细化代建单位在施工过程中的管理职责，如施工进度控制、质量控制、安全管理等，确保施工过程的规范化和高效性。

资金使用与管理：规定代建单位在资金使用上的权限和责任，确保项目资金的安全和合理使用，防止资金挪用和浪费。

风险管理：明确代建单位在项目风险管理中的职责，包括风险识别、评估、控制和应对措施，确保项目风险的及时有效管理。

信息沟通与汇报：规定代建单位与委托方之间的信息沟通机制，包括定期汇报、紧急情况通报等，确保信息透明和及时传递。

合同变更与解除：明确合同变更和解除的条件和程序，确保在项目实施过程中出现不可预见情况时，双方能够有序处理合同变更或解除事宜。

争议解决：设立专门的争议解决机制，如仲裁或诉讼，明确争议解决的方式和程序，保障双方的合法权益。

通过以上措施，代建合同范本将更加全面和细致，能够有效规范代建管理，提升项目管理的整体水平，保障建设工程代建模式的健康发展。

对政府设立专门机构采用市场化代建的情况，编制政府设立专门机构、项目（法人）单位和代建单位三方合同范本，合同中明确三方协同机制，细化责任分配，规范信息共享机制。通过建立统一的数字化管理平台实现信息共享，提高信息时效和透明度，避免信息不对等带来决策错误。建议定期对项目管理团队进行管理平台培训，有效避免人为导致的监管漏洞。

此外，编制不同工程类别的建设标准、设计标准、招标采购标准、施工标准、重要节点施工工艺标准图集等，作为合同的引用标准，明确建设、设计和施工标准。

4.发布契合市场的代建取费标准，促进代建业务健康发展

各地发布契合当地市场需求的取费标准，确保代建单位在提供服务时能够获得合理的经济回报，同时避免因取费过高或过低而影响项目的整体效益。取费标准应在通过市场调研，了解地方收入水平及消费水平等的基础上，根据项目类型、规模、复杂程度等因素，分类制定不同的取费标准，确保取费标准的灵活性和适用性。明确代建取费的成本构成，包括人员费用、管理费用、风险费用等，确保取费标准的透明度和合理性。同时建立取费标准的动态调整机制，根据市场变化、通货膨胀等因素，适时调整取费标准，确保其与市场实际情况相匹配。实施中，可以先开展试点推广，即在部分地区先行试点新的取费标准，评估其实施效果，然后根据试点情况逐步推广，确保取费标准的可行性和有效性。合理的代建取费标准，既保障代建单位的合理收益，又促进代建业务的健康发展，为建设工程代建模式的推广和应用提供有力支持。

5.全面推行市场竞争，优化投资效果

建议对实施主体遴选和参建单位遴选两个阶段引入竞争机制，激发市场活力。

实施主体遴选，建议综合考虑资质、专业技术实力、专业技术/管理人员水平、同类型项目经验、资信水平、项目所在地资源、项目所在地政府投资工程管理经验、专业政府投资工程管理团队实力、管理体系和管理文件的完善程度等九个因素，依据重要度分析，建立综合评分法，确保评选过程的透明和公正。

参建单位遴选依据招投标法组织实施，实施主体掌握招标和定标权，委托招标代理单位辅助招标工作，确保引入市场化竞争机制的同时，保障招标过程的公正性和效率。

6.建立代建单位评价制度，保障管理水平

资质、专业技术实力、专业技术/管理人员水平、项目经验、资信水平以外，建议增加三个考察因素：一是代建单位在项目所在地的综合实力，包括人员和资源；二是代建业务受重视程度；三是对当地政府投资工程监管机制的熟悉程度。根据实施主体特点，构建综合评估模型，对代建单位进行打分，作为遴选的依据。

在构建综合评估模型时，应充分考虑各评估指标的权重分配，确保评估结果的客观性和公正性。具体有：指标权重设定，即根据各考察因素的重要性，合理设定权重。例如，资质和专业技术实力可占较高权重，而代建业务受重视程度和当地政府投资工程监管机制的熟悉程度可占相对较低的权重；数据收集与整理，即广泛收集代建单位的相关数据，包括人员配置、项目经验、资信评级等，确保数据的全面性和准确性；评分标准应针对每个评估指标，制订详细的评分标准，明确各等级的具体要求，避免评分过程中的主观随意性。综合评分计算，根据各指标的权重和评分标准，计算代建单位的综合得分，形成初步评估结果；结果审核与反馈方面，组织专家对评估结果进行审核，确保评估过程的科学性和合理性。同时，将评估结果反馈给代建单位，使其了解自身优势和不足，促进其改进提升。动态调整机制，即建立评估指标的动态调整机制，根据行业发展和技术进步，适时调整评估指标和权重，确保评估体系的时效性和适应性。通过以上措施，构建一个科学、合理、动态的代建单位评价制度，有效保障代建项目的管理水平，提升建设工程代建模式的整体效能。

此外，建议对于大型、综合性开发项目，优先选用房地产开发类企业或拥有丰富基础设施建设和大型项目操作经验的代建单位。对于合规性要求高项目，建议考虑选择国企。

制度清单（参考）见表4–1。

表4–1　制度清单（参考）

类别	具体措施	经验借鉴	
		国际	国内现状
完善相关法律法规	立法，出台政府投资工程建设管理办法	德国、新加坡、中国香港	未出台全国统一制度
	明确代建方地位	德国、新加坡、中国香港	合同责任，行政责任无法追究
	明确政府投资项目管理边界	德国、新加坡、中国香港	地方管理条例、全国不统一
	明确建设管理机构工作职责、管理细则	德国、中国香港	机构设立职责不详尽
	完善项目风险管理制度（内控、防腐）	德国	待完善

续表4-1

类别	具体措施	经验借鉴	
		国际	国内现状
规范政府投资工程分级分类管理	完善分级分类管理制度	中国香港、德国、新加坡	国内暂不统一
	建立项目别组织实施模式选用机制	德国、中国香港、新加坡	尚无
	明确非经营性项目建设管理机制	德国、中国香港	深圳市、江苏省、上海市等
	明确经营性项目多模式管理机制	中国香港、新加坡	尚不明确
	政府建立联合审批制度	—	国家有政策，地方逐步开展
代建合同	制定政府投资工程标准合同版本（结合标准）	德国、中国香港、日本	不详尽
代建取费	提请官方发布代建管理费取费标准	德国	个别城市发布、偏低
竞争机制	强化招投标管理	德国、新加坡、中国香港	国家有，需细化落地
后评价	建立项目后评价管理机制，编制后评价管理办法	德国、新加坡	发改、审计，资金为主，建设管理相关需完善

4.2 行业发展

1. 建立高效监管机制，规范行业发展

为了规范代建行业发展，建立高效监管机制至关重要。首先，应明确监管机构的职责和权限，确保其能够对代建单位进行全面、有效的监管。监管机构应定期对代建单位进行审查，评估其项目管理能力、财务状况和合规性，及时发现和纠正问题。其次，建立代建项目的备案和审批制度，确保所有代建项目都符合相关法律法规和行业标准。通过备案制度，监管机构可以掌握代建项目的整体情况，便于进行宏观调控和风险防范。再次，加强代建项目的现场监管，确保施工质量和安全。监管机构应定期派遣专业人员对施工现场进行检查，核实代建单位是否按照合同要求进行施工管理，及时发现和处理安全隐患。最后，还应建立代建单位的信用评价体系，对代建单位进行信用评级，公开透明地展示其信用状况，便于委托方选择可靠的代建单位。通过这些措施，可以有效规范代建行业的发展，提升代建项目的管理水平和质量，保障建设工程代建模式的健康发展。

2. 发布代建管理标准，提升行业水平

完善代建项目管理办法、管理标准和管理流程，制定统一的代建项目管理手册，涵盖项目启动、规划、执行、监控和收尾等各个阶段的具体操作指南，确保项目管理的规范性和一致性。同时，建立代建项目的绩效考核体系，明确各项指标的考核标准和评价方法，定期对代建单位的工作绩效进行评估，激励其不断提升管理水平。此外，还应加强代建单位之间的经验交流和合作，通过组织行业论坛、研讨会等形式，分享优秀的管理实践和创新成果，促进整个行业的共同进步。通过这些综合措施，进一步提升代建行业的整体管理水平，确保建设工程代建模式的持续健康发展。

3. 发行行业发展报告，引导代建企业发展

定期发布行业发展报告，报道代建企业的成功案例和先进经验，分析行业发展趋势和面临的挑战，为行业参与者提供参考和借鉴。报告内容应涵盖市场动态、政策变化、技术创新、典型案例等多个方面，确保信息的全面性和实用性。通过行业发展报告的发布，可以增强行业透明度，促进信息共享，帮助各方更好地了解行业现状和未来方向。同时，报告的发布也有助于提升代建行业的整体形象，吸引更多的社会资本和优质资源进入，推动行业的良性循环和可持续发展。此外，在报告中设立专门的板块，展示代建单位在项目管理、技术创新、社会责任等方面的优秀表现，树立行业标杆，鼓励其他代建单位不断提升自身管理水平和服务质量。将行业发展报告作为引领代建行业有序发展的重要工具。

行业发展措施清单（参考）见表4–2。

表4–2　行业发展措施清单（参考）

类别	具体措施	经验借鉴	
		国际	国内现状
建立健全监管和制约机制	建立政府投资项目监管机制	新加坡	尚不完善
	规范参建单位资质管理（设计咨询、施工等）	德国、新加坡、中国香港	不健全、落地性不强
	开展参建方资格评价管理	新加坡	待建立
	发布政府投资工程设计技术标准、材料设备选型标准	德国、新加坡、日本	—
	建立政府投资项目风险管理制度（投资/建设）	新加坡	投资有，建设需加强

续表4-2

类别	具体措施	经验借鉴	
		国际	国内现状
代建管理标准	代建企业选择标准	新加坡	部分地区有资质要求，较粗放
	代建项目决策机制	德国（领导权）	尚无
	建立代建招投标管理制度（评定表权限）	德国（领导权）	无专门针对代建的招投标管理
	建立代建项目合同管理制度（范本）	新加坡	尚无
	编制代建项目管理办法	新加坡	四川、上海
	代建项目审批管理（管理办法、实施流程）	德国、新加坡	尚不明确
	代建费管理办法（取费标准及支付条件）	新加坡	各地为政
	明确数字化、信息化管理平台（建立或指定）	—	南山区工务署平台
	建立代建项目评价机制	新加坡	尚无
	编制代建项目、代建企业评价标准	新加披	尚无
标准化	发布政府投资工程建筑设计技术标准	德国、新加坡	尚无
	发布政府投资工程结构设计技术标准	德国、新加坡	尚无
	发布政府投资工程设备设施设计选型标准	德国、新加披	尚无
	设计咨询管理标准	德国、新加坡	个别城市有
	不同建筑产品标准（定期更新）	新加坡	尚无
	完善项目管理、风险管理相关标准	—	需完善
	制定标准化合同范本（参建、咨询等）	新加坡	需完善
	建立并完善标准化管理制度体系	中国香港、德国、新加坡	有部分，待加强
全生命期管理	全生命期投资决策管理条例	德国	不完善、需加强
	编制并不断完善项目智库	中国香港、新加坡	尚无
	编制新技术准入评价机制	中国香港	尚不健全
	全生命期项目评价制度	德国	尚无
	全生命期项目管理综合人才培养制度	日本、新加坡	尚无
	开展定期培训交流	日本	尚无

4. 培育代建专业人才，提升管理水平

建立完善的人才引进和培训制度，首先要明确代建行业所需的专业人才标准，包括项目管理、工程技术、财务法律等方面的知识和技能。通过与高校、职业培训机构合作，开设相关专业课程，提升服务意识，培养符合行业需求的专业人才。同时，鼓励企业内部建立导师制度，通过老带新的方式，提升新员工的专业素养和实践能力。优化人才激励机制，可以通过设立专项奖励基金、提供晋升通道、实施股权激励等多种方式，激发员工的工作积极性和创新精神。此外，还应定期组织专业培训和技能竞赛，不断提升团队的专业管理能力。通过这些措施，确保代建单位拥有高素质的专业人才队伍，为建设工程代建模式的推广和应用提供坚实的人才保障。

5. 构建社会监督机制，减少廉政风险

管理的透明化要求促进各参与方互相监督，减少廉政风险，同时，能有效提升项目各参与方的信任度与参与感。建立项目管理信息系统，实时更新项目进度、成本、质量等信息，使各参与方随时掌握项目动态。通过信息化手段，强化项目管理透明度，确保项目决策公开、公平、公正，有效降低廉政风险。

第5章　结语

在政府投资工程代建方面，随着社会的发展和进步，建设管理企业的技术水平和管理能力将不断提高，政府投资工程建设管理标准、规范将逐步完善，建设工程代建市场将进一步完善。未来，政府将逐步转向以制度建设和监管为主要职能，建设管理依托成熟的市场机制的模式，通过市场竞争和优化服务提升代建水平。在此过程中，政府需加强对代建单位的监管，确保其遵循合同规定，履行职责。同时，鼓励代建单位创新组织实施模式，提高项目管理效率，降低管理成本，以适应未来市场的发展需求。本文所提出的政府投资工程开展市场化代建的建议，是在广泛调研的基础上，结合各地的实际情况，对现有问题进行深入剖析后得出的，希望能在各地政府投资工程开展代建业务时有所助益。

在市场化代建方面，本文所提出的发展建议是在广泛调研市场的基础上，结合国内各代建企业优秀经验案例的操作模式进行分析验证后得到的，这些发展建议的层次比较宏观，具体落实还要细分具体内容，针对企业的实际情况具体落实。同时，针对不同项目特点，制定更加适用的落地措施，分步制定出能够指导具体工作的、深层次的、全面完善的工具与方法，为企业以及行业内尽快制定行之有效的政策文件、保障措施等提供技术支撑。

参考文献

[1]李鸿辉.我国政府投资工程建设管理方式的改革与政府职能的转变[J].建筑，2004，(11)：55-59.

[2]王颖.我国政府投资工程项目管理问题及对策分析[J].企业经营，2016，27(24)：100-101.

[3]李君.政府投资工程项目管理模式的改革与优化探究[J].广东土木与建筑，2023，(02)：25.

[4]罗巍.政府投资项目管理存在的问题及对策[J].中国管理信息化，2011，(10)：28.

[5]周燕敏.加强政府投资项目管理的对策研究[J].现代经济信息，2013，(12)：22+34.

[6]孙宁，刘笑，宁延.政府投资项目管理模式发展历程分析[J].建筑经济，2020，(07)：54-59.

[7]马小丁.以“分类细化”为导向优化政府投资项目管理[J].投融资研究与实务，2023，(06)：76-77.

[8]房诚琦，肖畅，白学松.代建行业系列报告：代建行业的前世今生与星辰大海[J].东吴证券，2023，(03).

[9]金地管理.委托方服务白皮书[R].深圳：金地管理，2021.

[10]中原建业有限公司.2022环境、社会及管制报告[R].郑州：中原建业有限公司，2023.

[11]北京城市副中心投资建设集团有限公司.2022年度社会责任报告[R].北京：北京城市副中心投资建设集团有限公司，2022：12.

[12]上海地产（集团）有限公司.2022年度社会责任报告[R].上海：上海地产（集团）有限公司，2022：12.

[13]宋扬.香港工务项目的经营策略与成功要素[D].长沙理工大学，2017.

[14]丘凯旗.基于不确定多属性理论的代建模式决策研究[D].华伦大学，2016.

[15]邹威.代建项目治理水平评价及提升策略研究[D].重庆大学，2020.

[16]中金公司.代建服务：市场机遇期下的轻资产服务赛道[EB/OL].新浪财经，2022-07-22[2025-01-22].https：//finance.sina.com.cn/stock/stockzmt/2022-07-22/doc-imizirav4891500.shtml.

[17]未来智库.房地产代建行业专题报告：代建新航道，迎来新机遇[EB/OL].知乎，2023-08-07.https：//zhuanlan.zhihu.com/p/648445005.

[18]牧诗地产圈.代建净利率高达26%，能否成为房企第二增长点[EB/OL].知乎，2021-10-20.

[19]广发证券.2022年绿城管理控股研究报告：代建合作模式强化，政府及国企成主要订单源

[EB/OL]. 未来智库，2022-11. https：//www.vzkoo.com/read/20221101ad14f59e27e543b943f38e2a.html.

[20] 明源地产研究院.这样的房企，才称得上是行业的标杆，时代的正能量！[EB/OL].蓝城乐居，2024.02. http：//bluetownleju.com/index.php/news/detail/499.html.

[21] 郝一斌. 代建行业的思考与探索[EB/OL]. 金地管理，2023-12 [2025-04-10]. https://www.cih-index.com/news/2025-03-21/52435932.html.

[22] 21世纪经济报道. 数字科技搅动代建江湖，龙湖龙智造亮出六张王牌[EB/OL]. 腾讯新闻，2023-01 [2025-04-10]. https://new.qq.com/rain/a/20230112A08LR700.

[23] 中指研究院. 房企代建新探索系列访谈旭辉建管："定制化服务体系"，竞争代建赛道的核心利器[EB/OL]. 网易，2023-12 [2025-04-10]. https://www.163.com/dy/article/ILTB3GTF05159A0N.html.

[24] 建发建管. 建发建管深耕福建，布局全国，再启新篇章！[EB/OL]. 建发建管微信公众号，2023-10 [2025-04-10]. https://mp.weixin.qq.com/s?__biz=MzIyNjI5MzQxNA==&mid=2247483657&idx=1&sn=2f7b8e1d3f8a7b9a7b9a7b9a7b9a7b9a&scene=0.